AF626623

Jörg Kailus

40 Tage mit Martin Luther

Ein Andachtsbuch

BRUNNEN
Verlag GmbH · Giessen

Die Texte von Martin Luther folgen der Ausgabe:
Martin Luther, Ausgewählte Werke, Hg. H.H. Borcherdt und Georg Merz,
3. Auflage, München: Christian Kaiser Verlag, 1940-1963.

Bibelzitate folgen der Bibel nach Martin Luthers Übersetzung,
revidiert 2017, © 2016 Deutsche Bibelgesellschaft, Stuttgart.

MIX
Papier | Fördert gute Waldnutzung
FSC® C014496

© 2024 Brunnen Verlag GmbH, Gießen
Lektorat: Uwe Bertelmann
Umschlagfoto: Votimedia / Adobe Stock
Umschlaggestaltung: Jonathan Maul
Satz: Brunnen Verlag GmbH
Druck: GGP Media GmbH, Pößneck
ISBN Buch 978-3-7655-3596-3
ISBN E-Book 978-3-7655-7869-4
www.brunnen-verlag.de

Für meine Eltern, Peter und Lore Kailus,
und meine Frau, Nicole

Stimmen zum Buch

„Der ganze Luther ist ein allzu opulentes Menu, mit dem man ein ganzes Leben lang nicht fertig wird. Aber Luther eingeteilt in 40 leicht verdauliche und dennoch nahrhafte Portionen wird zur bekömmlichen Zwischenmahlzeit. Jörg Kailus hat sie angerichtet. In diesem Buch präsentiert er für jeden Tag einen zentralen Originaltext des Reformators mit den entsprechenden Bibelstellen, ordnet sie zeitlich zu und erzählt kenntnisreich, spannend und lebensnah, was dahintersteckt und was es für uns heute bedeutet. Dazu gibt's für jeden Tag ein paar Anregungen zum Weiterdenken. Ein wunderbares Buch, das Appetit auf mehr macht!"

Jürgen Werth

„In diesen 40 Andachten leuchtet die tröstliche Seite der Theologie Martin Luthers. Dabei erzählt Jörg Kailus auch etwas vom Lebensweg des Reformators und macht uns dabei in allem Jesus groß."

Pastor Dr. Malte Detje

Inhalt

Vorwort

Die Lutherrose. Die Wartburg. Die Reformation vor 500 Jahren. Wer heute zu einer landes- oder freikirchlichen evangelischen Gemeinde gehört, hat meist eine mehr oder weniger verschwommene Vorstellung von diesem Martin Luther. Man steht irgendwie auf dem Fundament der Reformation (und er selbst als Denkmal auf manchem Sockel) und kennt vielleicht das eine oder andere Lutherzitat, meist aus den Tischreden.

Aber was hat dieser Wittenberger Professor mit meinem Leben zu tun, heute, im 21. Jahrhundert? Eine Menge! Ich persönlich war überrascht, als ich mich damals im Rahmen meiner Doktorarbeit mit seinem großen Galaterkommentar beschäftigt habe. Luther hat hier (und anderswo) einige der ermutigendsten christlichen Texte geschrieben, die mir je begegnet sind. Ich möchte Sie einladen, diesen Martin Luther in den nächsten vierzig Tagen näher kennenzulernen.

Mein Fokus liegt dabei auf der Ermutigung, auf Luther als dem Tröster der im Glauben Angefochtenen und Prediger des Evangeliums der freien Gnade. Natürlich ist das nicht der ganze Luther. Dr. Martinus konnte auch gehörig donnern und das Gesetz treiben. Aber ich glaube, dass wir mit dieser Ausrichtung und den ausgewählten vierzig Texten die Mitte seines Glaubens und Denkens in den Blick bekommen. Das, worum es Luther im Kern ging, habe ich einige Male versucht in Form einer Beispielgeschichte anschaulich zu machen (die dann nicht in Luthers Zeit spielt).

Ich glaube, wir können eine Menge von Luther lernen, gleichgültig, ob wir einen lutherischen, reformierten oder freikirchlichen Hintergrund haben. Seine Texte sind keine spinnwebenverhangenen Dokumente einer vergangenen Zeit, die zu Staub zerfallen, sobald unser Blick darauf fällt. Es geht um unseren Glauben, ganz existenziell. Dr. Martinus malt uns Christus vor Augen, den Gekreuzigten, der für ihn persönlich, für mich und auch für Sie dort gestorben ist.

Für diejenigen von uns, die mit Luthers Leben nicht so vertraut sind, habe ich es in einem kurzen Überblick am Ende des Buchs zusammengefasst. Bedanken möchte ich mich bei meiner Frau, Nicole Kailus, für alle Rückmeldungen während der Abfassung der Andachten, und bei Dr. Uwe Bertelmann vom Brunnen Verlag, der das Andachtsbuch als Lektor begleitet hat.

Oberhausen, im April 2024, Jörg Kailus

Tag 1
Hammerschläge

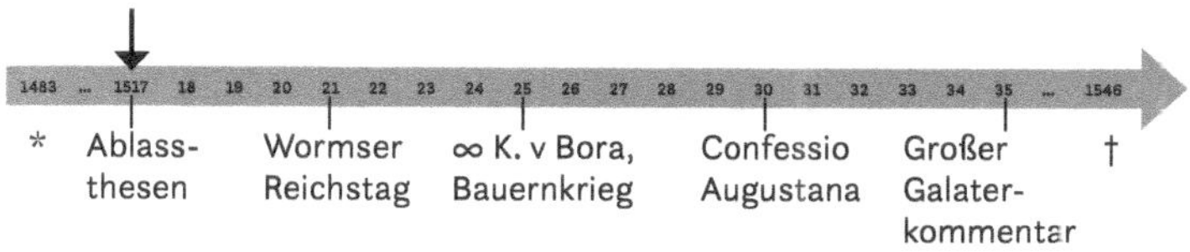

5. *Der Papst will noch kann keine andere Strafe erlassen als die, die er nach seinem Gefallen oder nach den kirchlichen Satzungen auferlegt hat.*

27. *Die predigen Menschentand, die da vorgeben, daß, sobald der Groschen in den Kasten geworfen, klingt, die Seele aus dem Fegfeuer auffahre.*

36. *Ein jeder Christ, der wahre Reue empfindet über seine Sünden, hat völlige Vergebung von Strafe und Schuld, die ihm auch ohne Ablaßbriefe gehört.*

81. *Solch freche und unverschämte Predigt vom Ablasse macht, daß es selbst den Gelehrten schwer wird, des Papstes Ehre und Würde zu verteidigen gegen Verleumdungen oder jedenfalls gegen die unleugbar scharfsinnigen Fragen des gemeinen Mannes.*

82. *Wie beispielsweise: Warum befreit der Papst nicht alle Seelen zugleich aus dem Fegfeuer um der allerheiligsten Liebe willen und wegen der höchsten Not der Seelen als der für ihn allerbilligsten Ursache, da er doch unzählig viele Seelen erlöst um des allerunheilvollsten Geldes willen zum Bau von S. Peters Münster, also um der leichtfertigsten Ursache willen?*

84. *Oder: Was ist das für eine neue Frömmigkeit Gottes und des Papstes, daß sie dem Gottlosen und dem Feinde um des Geldes willen vergönnen, eine gottesfürchtige und von Gott geliebte Seele zu erlösen, und wollen doch nicht vielmehr um der großen Not der gottesfürchtigen und geliebten Seele selbst willen sie aus Liebe umsonst erlösen?*

(Aus den *Ablassthesen*, 1517)

„Und er ging in den Tempel und fing an, die Händler hinauszutreiben, und sprach zu ihnen: Es steht geschrieben: ‚Mein Haus wird ein Bethaus sein'; ihr aber habt es zur Räuberhöhle gemacht." (Lukas 19,45-46)

Kardinal Albrecht von Mainz hat ein Problem. Der junge Erzbischof ist mehr als nur ein wenig überfordert mit den theologischen Fragen, die dieser Wittenberger Professor ihm aufzwingt. Er will doch nur ein weiterer Renaissancefürst sein, wohlwollend, ein Förderer der Künste. Und wenn man wie Albrecht ein jüngerer Sohn aus hochadeligem Hause ist – sein Bruder ist der Kurfürst von Brandenburg –, dann bietet sich eine kirchliche Karriere doch an. Man kann sogar ganz oben einsteigen im 16. Jahrhundert, vorausgesetzt, man ist ein Prinz und bereit, der Kurie eine angemessene Summe Goldes zu entrichten. Und wenn man für ein kirchliches Amt noch zu jung ist, ist gegen eine ähnlich angemessene Summe ein päpstlicher Dispens, also eine Ausnahmegenehmigung, möglich. Der Papst in Rom ist gerade mit dem Neubau des Petersdoms beschäftigt und braucht Geld. Sehr viel mehr noch, als ihm der brandenburgische Prinz Albrecht für den Mainzer Erzbischofsstab bezahlt. Eine Ablasskampagne soll es richten. Der Dominikanermönch Johann Tetzel und andere Ablassprediger bieten überall im Mainzer Erzbistum Ablassbriefe an, die die Befreiung der Gläubigen aus dem Fegfeuer versprechen. Die Hälfte des Gewinns geht an den Papst für sein Bauprojekt, die andere Hälfte an Albrecht, der sich das Geld für seine Erzbischofswürde von den Fuggern geliehen hat und nun mit den Einnahmen aus dem Ablass seine Schulden bezahlen will. Im benachbarten Kurfürstentum Sachsen stehen dem Augustinermönch und Theologieprofessor Martin Luther die Haare zu Berge, als er von Tetzels Geschäftspraktiken hört. Tetzel verspricht den Leuten praktisch den Himmel, wenn sie nur Ablassbriefe kaufen. Die Seelen der Verstorbenen könnten gegen Geld aus dem Läuterungsort, dem Fegfeuer, freigekauft und ins Himmelreich versetzt werden. Luther weiß, dass davon aber nach der eigentlichen Kirchenlehre keine Rede sein kann. Der Papst kann Strafen erlassen, die er selbst verhängt hat – also etwa Strafen wie die fünf Vaterunser und zehn Ave Maria, die der Priester in alten Filmen dem reuigen Sünder nach der Beichte auferlegt. Die Vergebung von Strafe und Schuld ist nicht gegen Geld möglich, schon gar nicht im Voraus. Gott erwartet echte Reue, aber dann sind seine Gnade und Vergebung umsonst. Die Ablassbriefe sind das Papier nicht wert, auf dem sie geschrieben stehen, und wenn der Papst wüsste, welchen Schindluder die Ablassprediger damit treiben, dann würde er den Spuk selbstverständlich beenden. Denkt Luther – und lädt an der Universität Wittenberg zu einer theologischen Fachdiskussion zum Thema Ablass ein. In 95 Thesen. Aber die werden ohne Luthers Wissen kopiert, gedruckt und im ganzen Land verbreitet. Dieser Professor Luther spricht endlich aus, was viele denken. Der Sturm der Reformation bricht los und der arme Kardinal Albrecht weiß gar nicht, wie ihm geschieht, als ihm seine päpstlich abgesegnete Einnahmequelle davonweht.

» „Was nichts kostet, ist auch nichts wert.“ Wirklich? Wie ernst nimmt Gott die Sache mit der Sündenvergebung? Wie ernst nehme ich sie?

» Die Kirchen der Reformation haben die Vorstellung von einem Fegfeuer nicht übernommen. Aber wir sterben nicht als moralisch perfekte Menschen. Wie verändert uns Gott wohl nach unserem Tod?

» Evangelische brauchen sich für die Vergebung ihrer Sünden nicht mehr in einen Beichtstuhl zu setzen. Wann könnte ein Beichtgespräch mit einem Seelsorger aber trotzdem hilfreich sein?

Tag 2

Kreuzverhör und Gelehrtenstreit

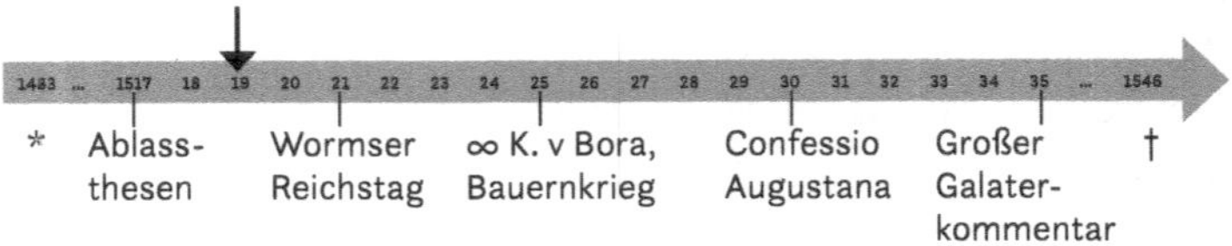

1. *Ein jeder Mensch sündiget täglich, tut aber auch täglich Buße, wie Christus lehrt: „Tut Buße!“, außer einem vermeintlichen neuen Gerechten, der der Buße nicht bedarf, obwohl doch der himmlische Weingärtner auch die fruchtbringenden Reben täglich reinigt.*

7. *Der zeigt, daß er überhaupt nicht versteht, weder was Glaube noch was Reue noch was der freie Wille sei, der da schwätzt, der freie Wille sei Herr über die Taten, seien es die guten oder die bösen, oder der da träumt, daß einer nicht allein durch den Glauben ans Wort gerechtfertigt werde oder daß der Glaube nicht wirklich alles aufhebe.*

11. *Zu sagen, der Ablaß sei für die Christen etwas Gutes, heißt verrückt sein; in Wahrheit ist er nämlich gerade die Verhinderung einer guten Tat. Darum muß ein Christ den Ablaß verwerfen wegen des Mißbrauches, weil der Herr sagt: „Ich tilge deine Übertretungen um meinetwillen“, nicht: um des Geldes willen.*

13. *Daß die römische Kirche über allen anderen sei, wird wohl aus den kahlen Dekreten der römischen Päpste begründet, die seit 400 Jahren aufgekommen sind; dawider aber stehen die beglaubigten Historien von 1100 Jahren, ebenso der Wortlaut der Heiligen Schrift und der Beschluß des Konzils von Nizaea, des heiligsten von allen.*

(Aus der *Leipziger Disputation*, 1519)

„Aber mir hast du Arbeit gemacht mit deinen Sünden und hast mir Mühe gemacht mit deinen Missetaten. Ich, ich tilge deine Übertretungen um meinetwillen und gedenke deiner Sünden nicht." (Jesaja 43,24-25)

Das Pochen der Hammerschläge, mit denen Luther der populären Überlieferung zufolge seine 95 Thesen an die Tür der Wittenberger Schlosskirche geheftet hatte, war durch ganz Deutschland gehallt. Mancher Theologe an Luthers Universität und im Augustinerorden hatte sich auf seine Seite gestellt. Die Öffentlichkeit war auf ihn aufmerksam geworden. Aber zu einem Ende der Missstände mit dem Ablass hatte es nicht geführt. Vielmehr hatte auch die Kirchenleitung begonnen zu pochen, und zwar auf ihre Autorität. Dr. Martinus war nach Augsburg zitiert worden, um sich einem Verhör durch den Kardinal Cajetan zu stellen, einem Kirchenmann, der im Unterschied zu Albrecht von Mainz tatsächlich etwas von Theologie verstand. Luther wusste das und hoffte auf eine sachliche Diskussion, wollte darstellen, warum seine Kritik berechtigt und er keineswegs ein theologischer Wirrkopf war. Aber er war enttäuscht worden. Cajetan hatte sich auf keine Diskussion eingelassen und schlicht erwartet, dass Luther nachgab. So war dieser aber nicht gestrickt. Der Konflikt ging seinen Gang, und bald beschränkten sich die Streitpunkte nicht mehr nur auf die Ablassfrage. Und gestritten wurde. Neben Theologen, die Luthers Partei ergriffen, gab es auch solche, die auf der Seite der Kurie standen. Der bekannteste ist wohl Dr. Johann Eck aus Ingolstadt, Luthers Gegner bei der Leipziger Disputation. Dr. Martinus' Wertschätzung für seinen Kontrahenten hielt sich, auch der damals üblichen deftigen Ausdrucksweise geschuldet, in engen Grenzen. So konnte er beim Namen „Dr. Eck" das Pünktchen auch weglassen … Eingeladen hatte Eck und Luther der Herzog von Sachsen, Georg der Bärtige. Sachsen war damals in zwei Herrschaftsgebiete geteilt, und anders als Luthers Landesherr, Kurfürst Friedrich der Weise, hielt es Herzog Georg zeit seines Lebens mit der alten Kirche. Dr. Martinus hat ihn später als „den Meuchler zu Dresden" bezeichnet.

Zusammen mit seinem Professorenkollegen Andreas Karlstadt disputiert Luther tagelang mit Eck. Karlstadt hat eine Menge Bücher als Argumentationshilfe mitgebracht, doch dann wird festgelegt, dass frei zu disputieren sei. Luther hält das nicht auf. Er klingt hier um einiges evangelischer als noch in den Ablassthesen. Wir erhalten Gottes Gnade nicht für irgendetwas, was wir Gott oder der Kirche geben, schon gar nicht für Geld. Gnade, die Vergebung unserer Schuld ist etwas Unverdientes. Ihr Grund liegt in Gottes Liebe, nicht in unserer Leistung. Gott erwartet Umkehr, aber er rechtfertigt den, der an sein Wort glaubt. Die Mittlerposition des Papstes und der Kleriker erwähnt Luther nicht. Die Autorität von Päpsten und Konzilien steht für Eck fest, aber der Wittenberger meldet Zweifel an. Päpste und Konzilien können irren. Luther findet einen neuen und doch alten Maßstab für Glaubensaussagen: die Heilige Schrift. *Allein die Heilige Schrift.* Für Johann Eck genügt, dass Luther die Autorität der kirchlichen Tradition, der Päpste und Konzilien, relativiert hat. Er sieht sich als Sieger der Disputation, doch tatsächlich zeigt sie nur, dass die Gräben tiefer wurden.

» Was weiß ich eigentlich wirklich über den Glauben? Was steht nicht nur in meiner Bibel oder meinen theologischen Büchern, sondern ist in meinem Kopf und meinem Herzen angekommen? Es ist auch heute nicht verkehrt, Bibel- und Liedverse auswendig zu wissen.

» Könnte ich Wörter wie Gnade, Buße und Vergebung definieren und sie so erklären, dass auch ein Kind sie versteht?

Danke, Vater im Himmel, dass Gnade etwas ist, das wir uns nie verdienen können. Du liebst uns nicht, weil wir gut genug wären, sondern, weil du gut bist!

Tag 3

Unter dem Anschein des Gegenteils

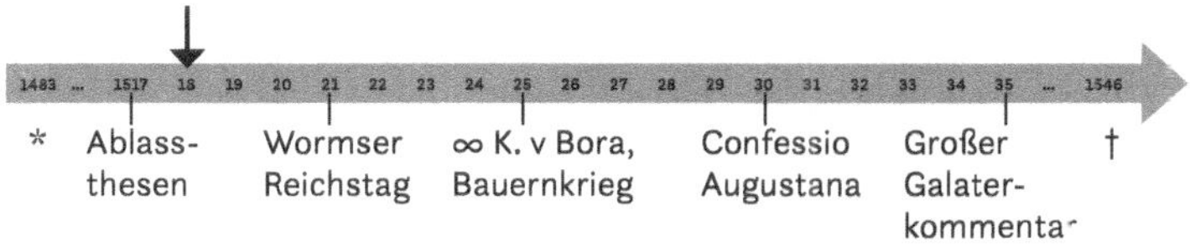

19. *Nicht der heißt mit Recht ein Theologe, der Gottes unsichtbares Wesen durch seine Werke wahrnimmt und versteht,*

20. *sondern der heißt mit Recht ein Theologe, der das, was von Gottes Wesen sichtbar und der Welt zugewandt ist, als in Leiden und im Kreuz dargestellt, begreift.*
Das der Welt Zugewandte, Sichtbare am Wesen Gottes ist dem Unsichtbaren entgegengesetzt, seine Menschheit, Schwachheit, Torheit, wie 1. Kor. 1,25 von der göttlichen Schwachheit und Torheit handelt. Denn da die Menschen die Erkenntnis Gottes aufgrund seiner Werke mißbrauchten, wollte wiederum Gott, daß er aus den Leiden erkannt werde, und wollte darum solche Weisheit des Unsichtbaren durch eine Weisheit des Sichtbaren verwerfen, auf daß so die, die Gott nicht verehrten, wie er in seinen Werken offenbar wird, ihn verehren sollen als den, der in den Leiden verborgen ist, wie es 1. Kor. 1,21 heißt: „Denn dieweil die Welt durch ihre Weisheit Gott in seiner Weisheit nicht erkannte, gefiel es Gott wohl, durch törichte Predigt selig zu machen die, so daran glauben." So ist es für niemand genug und nütze, Gott in seiner Herrlichkeit und Majestät zu erkennen, wenn er ihn nicht zugleich in der Niedrigkeit und Schmach seines Kreuzes erkennt. So macht er die Weisheit der Weisen zuschanden, wie Jesaja weiter sagt: „Fürwahr, du bist ein verborgener Gott."

(Aus der *Heidelberger Disputation*, 1518)

„Denn das Wort vom Kreuz ist eine Torheit denen, die verloren werden; uns aber, die wir selig werden, ist es Gottes Kraft. Denn weil die Welt durch ihre Weisheit Gott in seiner Weisheit nicht erkannte, gefiel es Gott wohl, durch die Torheit der Predigt selig zu machen, die da glauben. Denn die göttliche Torheit ist weiser, als die Menschen sind, und die göttliche Schwachheit ist stärker, als die Menschen sind." (1. Korinther 1,18.21.25)

Wenn man älter wird, kann man an den Punkt kommen, an dem man die jüngere Generation betrachtet und sich fragt, ob diese den Gebrauch ihrer Geisteskräfte stillschweigend eingebüßt hat. Die Jungen denken – anders. Also doch bestimmt auch falsch. Was immer unwidersprochen und unhinterfragt gegolten hat, gilt für sie nicht mehr. Was ihnen hingegen so wichtig ist, verstehen die Älteren nicht (unbedingt). Vielleicht denken sie gar, sie verstünden die Welt nicht mehr, und fragen sich: „Sind wir dabei, die Deutungshoheit über die Wirklichkeit zu verlieren?" Dieser Konflikt ist nicht neu. Er spielt sich wohl in jeder Generation so ab. Zu Beginn der Reformation war es nicht anders. Luther war 1518 35 Jahre alt und gehörte, gerade als Professor, zu den Jungen. Und es waren die Jungen unter den Theologen, die sich ihm und seiner neuen Lehre anschlossen, nach der Heidelberger Disputation des Augustinerordens wie zu Hause an der Wittenberger Universität. Selbst diese war noch jung. Kurfürst Friedrich der Weise brauchte für seinen sächsischen Landesteil eine Universität und so gründete er in dem kleinen Residenzstädtchen Wittenberg mit seinen 2000 Einwohnern die Hochschule, die für die Reformation maßgeblich wurde. Hier wurde im Gefolge der neuen Lehre das Theologiestudium komplett umgekrempelt. Federführend war dabei Luthers Mitstreiter Philipp Melanchthon und der war noch um einiges jünger als dieser. Ältere Theologen blieben meist bei der altgläubigen Kirche. Selbst Luthers Mentor, Johann von Staupitz, starb als katholischer Abt.

Nun, bei der Heidelberger Disputation von 1518, bei der

Dr. Martinus den Vorsitz führte, machte er also einigen Eindruck. Statt auf die großen Werke der Schöpfung oder auf spektakuläre Wunder lenkt er unseren Blick auf Christi Kreuz und Leiden. Luthers Theologie ist zutiefst christozentrisch und Christus ist bei ihm nicht primär der göttliche Lehrer, sondern der Gekreuzigte, der Sünderheiland. Für uns ist das Kreuz ein theologisch aufgeladenes Symbol, wir tragen es vielleicht sogar als goldenes Schmuckstück an einem Kettchen. Doch zu Paulus' Zeiten erschien die Predigt vom Kreuz als ein ungeheuerlicher Unfug. Dass dieser Hingerichtete der Retter und König der ganzen Schöpfung war – unerhört! Aber Luther erkennt wie Paulus: An diesem Kreuz geschieht das Entscheidende. Gott schafft sein Heil unter dem Anschein des Gegenteils (*sub specie contraria*). Der Mann mit der Dornenkrone ist der Sieger. Wir finden Gott in Kreuz und Leiden, in Christi Schwachheit. Aber darin steckt eine große Entlastung für uns. Wir sind Gott am nächsten in unserer Schwachheit, nicht nur auf den Höhen des geistlichen Lebens. Christus ist jedem von uns in die Dunkelheit vorausgegangen, ist in dem finsteren Tal an unserer Seite. Unsere subjektive Gottesferne ist angefüllt mit seiner Nähe.

» Die jüngere Generation ist grundsätzlich offener für Neues als die ältere. Etwas ist nicht automatisch falsch, weil es neu ist. Und es ist ebenso wenig richtig, weil es neu ist. Wie finden wir in Lehrfragen die richtige Balance zwischen Offenheit und Bewahrung?

» Wie wichtig ist es mir, in den Augen anderer, in der Gemeinde, aber auch in der Gesellschaft als klug zu gelten?

Danke, Gott, dass du mit anderen Maßstäben misst als wir. Hilf mir bitte, meine dunklen Stunden und Misserfolge nicht zu verdrängen, sondern sie als eine Chance zur Begegnung mit dir zu verstehen.

Tag 4

Durchbruch zur Gewissheit

„Ich schäme mich des Evangeliums nicht; darin wird die Gerechtigkeit Gottes offenbart." Das steckte mir immer im Sinn. Ich konnte dieses Wort nicht anders verstehen, wo immer es in der Schrift stand: „Gerechtigkeit Gottes" als die Gerechtigkeit, durch welche er selbst gerecht wäre und alles gerecht urteilte usw. Mit ihm schlug ich mich eine Zeitlang immer heftiger herum; ich stand da und klopfte an, ob mir jemand öffnen würde – aber es war niemand da, der öffnete. Ich verstand nicht, was es bedeutete, bis ich weiterlas: „Der Gerechte wird seines Glaubens leben." Dieser Spruch ist die Erklärung jener Gerechtigkeit Gottes. Als ich das fand, freute ich mich mit solchem Jubel, daß nichts darüber ging. So war mir der Weg offen, als ich in den Psalmen las: „In deiner Gerechtigkeit errette mich" – vielmehr: „In deiner Barmherzigkeit errette mich!" Vorher erschrak ich und haßte die Psalmen und die Schrift, wo von der „Gerechtigkeit Gottes" die Rede war, d. h. von der Gerechtigkeit, mit welcher er selbst gerecht war und nach unsern Sünden richtete, nicht mit der er uns annahm und gerecht machte. Die ganze Schrift stand wie eine Mauer da, bis mir beim Lesen das Verständnis aufging: „Der Gerechte wird seines Glaubens leben." Daraus habe ich gelernt, die Gerechtigkeit Gottes sei der Glaube an seine Barmherzigkeit, mit welcher er selbst uns rechtfertigt durch das Geschenk seiner Gnade.

(Aus den *Tischreden*, 75. Die offene Tür)

„Denn ich schäme mich des Evangeliums nicht; denn es ist eine Kraft Gottes, die selig macht alle, die glauben, die Juden zuerst und ebenso die Griechen. Denn darin wird offenbart die Gerechtigkeit, die vor Gott gilt, welche kommt aus Glauben in Glauben; wie geschrieben steht: ‚Der Gerechte wird aus Glauben leben.'" (Römer 1,16-17)

Ab wann war Luther eigentlich evangelisch, war seine Theologie die „typisch reformatorische“, die wir mit seinem Namen verbinden? Nun, sie war natürlich nicht auf einmal in der Gestalt vorhanden, wie wir sie beim reifen Luther kennen. Aber es gab einen theologischen Durchbruch bei Dr. Martinus, den wir als seine reformatorische Entdeckung oder das Turmerlebnis bezeichnen. Er hat später nämlich erzählt, dass er diesen Durchbruch im Turm des Wittenberger Augustinerklosters gehabt hat, und zwar in der „Kloake“, also der Klostertoilette. Ob er damit freilich sein Arbeitszimmer gemeint hat, das im selben Turm lag wie die Kloake, oder ebendiesen nicht ganz so malerischen Ort selbst oder gar metaphorisch die Kloake unseres irdischen Lebens, können wir nur spekulieren. Auch über den Zeitpunkt des Turmerlebnisses sind sich die Forscher uneinig. Der Lutherforscher Karl Holl (1866–1926) und seine Schule gehen von einer Frühdatierung um 1513 aus, während andere Theologen eher zu einer Spätdatierung um 1518 neigen. Mir persönlich erscheint die Spätdatierung wahrscheinlicher, weil gerade seine berühmte Römerbriefvorlesung noch ziemlich katholisch klingt. In dem Falle wäre er erst während des Ablassstreits zu seiner reformatorischen Theologie durchgedrungen. Um 1520 finden wir dann Schriften wie „Von der Freiheit eines Christenmenschen“, in denen er aus seiner Entdeckung die theologischen Konsequenzen zieht. Die katholische Kirche verlassen wollte er aber eigentlich nicht. Es ging ihm lange darum, seine Kirche zu reformieren, statt eine neue Konfession zu gründen. Die Kirchenleitung allerdings war nie bereit, die Theorie und Praxis ihrer Lehre infrage zu stellen. Der Papst forderte Luther zum Widerruf auf, drohte ihm mit einer Bulle (einem offiziellen Schreiben) den Bann, also den Ausschluss aus der Kirche, an. Luther warf die Bulle ins Feuer und wurde daraufhin wirklich ausgeschlossen.

Was aber war nun das Besondere an seiner reformatorischen Entdeckung und wo wich seine Theologie entscheidend von der mittelalterlichen Kirchenlehre ab? An Gott, auch an Christus, dachten die Menschen im Spätmittelalter besonders als Richter.

Jeder Mensch musste sterben und sich dann vor dem Richter für sein Leben verantworten. Der entschied, ob er in den Himmel, die Hölle oder zur Läuterung ins Fegfeuer kam, und entsprechend groß war die Angst bei vielen, im Gericht nicht bestehen zu können. Der Maßstab des Richters waren die Verdienste, die jemand während seines Lebens angesammelt hatte. Eine damals einflussreiche Vorstellung war, dass ein Christ tat, was in seinen Kräften stand, um Gottes Forderungen zu genügen. Daraufhin goss Gott ihm seine Gnade ein, und mit deren Hilfe konnte der Christ verdienstliche Werke tun, die ihm im Gericht angerechnet wurden. Gottes Gnade war also eine Art Hilfe zur Selbsthilfe bei der Lebensaufgabe, bei Gott Punkte zu sammeln. Luther denkt hier radikal anders. Gott ist in erster Linie nicht der, der Gerechtigkeit fordert, sondern der sie schenkt. Genauer: Er schenkt selbst, was er fordert. Der Christ glaubt an Christus, an Gottes Barmherzigkeit und wird dafür von Gott gerechtfertigt (für gerecht erklärt). Er muss keine Verdienste ansammeln. Die Gnade ist keine Hilfe zur Selbsthilfe, sondern ein unverdientes Geschenk. Mit dem Glauben an Christus nehmen wir dieses Geschenk an. Das verändert alles.

» Wann hatte ein Christ im alten Modell eigentlich die Gewissheit, genug getan zu haben, um die Gnade eingegossen zu bekommen? Ging das überhaupt?

» Was hat sich in der Vorstellung Luthers bei der Gnade verändert? Könnte ich jemandem das Wort „Gnade" erklären?

» In Gottes Augen sind wir gerecht *sola gratia* (allein aus Gnade) und *sola fide* (allein durch den Glauben). Gott legt die Gnade nur in Bettlerhände.

Tag 5

Eltern haften für ihre Kinder

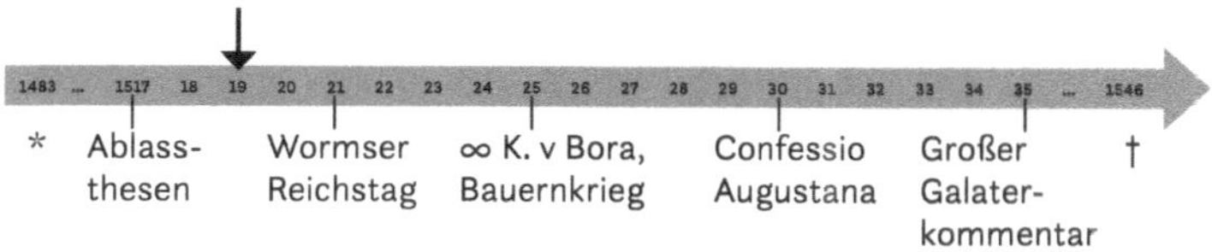

Zum dreizehnten. Dann wirfest du dein Sünde von dir auf Christum, wenn du festiglich glaubst, daß seine Wunden und Leiden seien dein Sünde, daß er sie trage und bezahle, wie Jesaja 53,6 sagt: „Gott hat unser aller Sünd auf ihn gelegt", und S. Petrus: „Er hat unser Sünd an seinem Körper getragen auf das Holz des Kreuzes." S. Paulus: „Gott hat ihn gemacht zu einem Sünder für uns, auf daß wir durch ihn rechtfertig würden." Auf diese und dergleichen Sprüch mußt du mit ganzem Wag dich verlassen, so viel mehr, je härter dich dein Gewissen martert. Denn unser Sünden, wenn wir sie in unserm Gewissen handeln und bei uns lassen bleiben und in unserm Herzen ansehen, so sind sie uns viel zu stark und leben ewiglich. Aber wenn wir sehen, daß sie auf Christo liegen und er sie überwindet durch sein Auferstehung und wir das kecklich glauben, so sind sie tot und zunichte worden; denn auf Christo mochten sie nicht bleiben, sie sind durch sein Auferstehen verschlungen, und du siehest jetzt keine Wunden, keine Schmerzen, das ist keiner Sünde Anzeichen mehr an ihm. Also spricht S. Paulus, daß Christus „gestorben ist um unser Sünd willen und auferstanden um unser Gerechtigkeit willen", das ist, in seinem Leiden macht er unsere Sünd bekannt und erwürget sie also, aber durch sein Auferstehn macht er uns gerecht und los von allen Sünden, so wir anders dasselb glauben.

(Aus dem *Sermon von der Betrachtung des heiligen Leidens Christi,* 1519)

„Aber er ist um unsrer Missetat willen verwundet und um unsrer Sünde willen zerschlagen. Die Strafe liegt auf ihm, auf dass wir Frieden hätten, und durch seine Wunden sind wir geheilt. Wir gingen alle in die Irre wie Schafe, ein jeder sah auf seinen Weg. Aber der HERR warf unser aller Sünde auf ihn." (Jesaja 53,5-6)

Luther war kein Prediger einer „billigen Gnade". Im Gegenteil. Er kämpfte nicht nur in seiner Klosterzeit verzweifelt gegen seine Sünde an. Zeitlebens war ihm klar: Die menschliche Schuld ist so groß, dass niemand sie je abtragen könnte. Etwa wie bei Tom, dem fünfjährigen Jungen, für den die ganze Welt ein Spielplatz sein konnte oder vielleicht auch ein Theater, in dem alles zur Kulisse wurde für seine Fantasie. Dann war er ein Kapitän am Bug seines Piratenschiffs, ein Forscher tief im Dschungel des Amazonas oder ein Astronaut, der Riesenschritte für die Menschheit machte. Auch wenn er dabei Gummistiefel trug und durch den Sandkasten stapfte. Seine Eltern hatten damals ein Dorfgasthaus, das auf einem Hügel lag, und Tom liebte es, in der Auffahrt zu spielen und seinen Träumen nachzuhängen. Die Gäste parkten ihre Autos öfter in dieser Auffahrt, nahe beim Haus, aber meistens hielt Tom brav Abstand zu denen. Fahrende Autos waren gefährlich. Und parkende waren langweilig. Aber so eins wie das, das heute vor dem Gasthaus stand, hatte er noch nie gesehen. Es war niedriger als die anderen und dafür breiter, windschnittiger, mit einem Heckflügel und glänzenden Auspuffrohren. Tom kam staunend näher. Das Auto war knallrot lackiert und hatte nur zwei Sitze, dazu Türen, die sich nach oben öffneten statt zur Seite. Der Kleine musste den Türgriff berührt haben, denn plötzlich schwang die Tür zischend nach oben, enthüllte den Blick auf gleichfalls rote Lederpolster. War das überhaupt ein Auto? Und – konnte er sich vielleicht mal reinsetzen? Verstohlen sah Tom sich um. Er war ganz allein. Er kletterte ins Auto und die Tür schloss sich automatisch. Tom glaubte sich im Cockpit eines Raumschiffs zu befinden. Seine Finger fuhren spielerisch über die Schalter am Armaturenbrett. Neben ihm war ein größerer Hebel. Wofür war … eisiger Schrecken durchzuckte den Kleinen, als der Wagen sich in Bewegung setzte. Das Auto rollte, erst langsam, aber dann immer schneller. Wie bekam man bloß die Tür auf? Er geriet in Panik, aber dann sah er einen Mann, der schreiend neben dem Auto herrannte. Sein Vater! Die Tür öffnete sich und Tom wurde aus dem Sitz gerissen. Aus Vaters Armen blickte er auf den Sportwagen, der am Fuße des Hügels in eine Mauer krachte. Tom zitterte, als er mit dem Vater den Hügel hinaufstieg, dem Besitzer des Wagens entgegen, der mit bleichem Gesicht auf den Trümmerhaufen mit 320 PS starrte. Wie sollte ein Knirps wie er so etwas wiedergutmachen? Ob das Taschengeld von 1000 Jahren ausreichte? Tränen stiegen ihm in die Augen. Aber sein Vater wirkte nur erleichtert. „Nicht weinen, Tommy! Papa kümmert sich um alles."

In unserem Leben gibt es einen Schaden, den wir niemals wiedergutmachen könnten. Nicht allein. Etwas, das über unsere Kräfte geht. Das ist die Sünde. Sie ist unsere Rebellion gegen Gott, die jedem Menschen ganz tief in den Knochen steckt und all unser Tun beeinflusst. Gott ist absolut gut und möchte uns eine ewige Zukunft mit ihm schenken. Aber er ist auch absolut heilig und kein sündiger Mensch könnte seine Nähe ertragen. Der Lohn, also die Folge der Sünde, ist der Tod. Daher sandte der Vater im Himmel seinen Sohn, um unsere Sünde für uns zu tragen und zu besiegen. Jesus starb an unserer Stelle. Wenn wir an ihn glauben, dann ist er unser Stellvertreter, der unsere Strafe erleidet und uns die Gerechtigkeit vor Gott schenkt, die wir allein nicht haben können. Nicht einmal, wenn wir tausend Jahre lang unser Taschengeld hergeben.

» Warum können wir die Sünde aus eigener Kraft nicht loswerden?

» In der Mitte unseres Glaubens steht Christus und sein Kreuz. Warum könnte es nichts anderes sein?

» An manchen Baustellen hängen Schilder: „Eltern haften für ihre Kinder!“ Eigentlich ein sehr tröstliches Bild für Gott und uns. Will ich Kind sein? Sein Kind sein?

Tag 6

Die Taufe und die Sünde

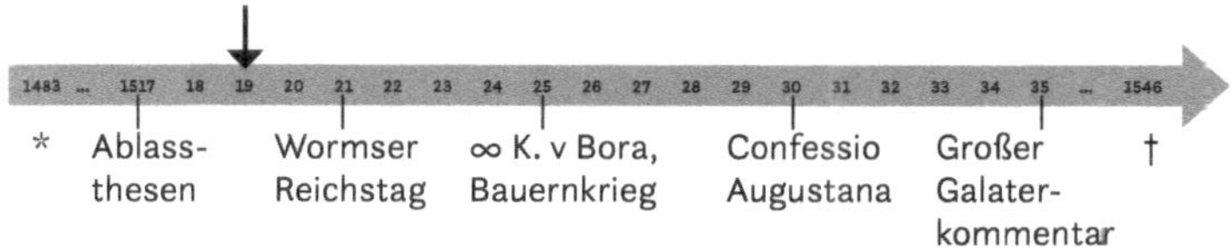

Zum vierten. Die Bedeutung – das Sterben oder Ersaufen der Sünd – geschieht nicht vollkommen in diesem Leben, bis der Mensch auch leiblich sterbe und ganz verwese zu Pulver. Das Sakrament oder Zeichen der Tauf ist bald geschehen, wie wir vor Augen sehen; aber die Bedeutung, die geistliche Tauf, die Ersäufung der Sünd währet dieweil wir leben und wird allererst im Tod vollbracht; da wird der Mensch recht in die Tauf gesenkt und geschieht, was die Tauf bedeutet. Drum ist dies ganze Leben nichts anders, denn ein geistlich Taufen ohn Unterlaß bis in den Tod. Und wer getauft wird, der wird zum Tod verurteilt, als sprech der Priester, wenn er taufet: „Sieh, du bist ein sündigs Fleisch; drum ersäuf ich dich in Gottes Namen und verurteil dich zum Tod in demselben Namen, daß mit dir all deine Sünd sterben und untergehen." Und je eher der Mensch stirbt nach der Tauf, je eher wird seine Tauf vollbracht. Denn die Sünd höret nicht ganz auf, dieweil dieser Leib lebt, der so ganz in Sünden empfangen ist, daß Sünd sein Natur ist, als der Prophet sagt: „Sieh, in Sünden bin ich empfangen und in Untugenden hat mich meine Mutter getragen"; welcher in keiner Weis zu raten ist, sie sterb denn und werd zunichte mit ihrer Sünd. Also ist eins Christenmenschen Leben nichts anders denn ein Anheben, seliglich zu sterben von der Tauf an bis ins Grab; denn Gott will ihn anders machen von neu auf am Jüngsten Tag.

(Aus dem *Sermon von dem heiligen hochwürdigen Sakrament der Taufe*, 1519)

„Siehe, in Schuld bin ich geboren, und meine Mutter hat mich in Sünde empfangen." (Psalm 51,7)

„So sind wir ja mit ihm begraben durch die Taufe in den Tod, auf dass, wie Christus auferweckt ist von den Toten durch die Herrlichkeit des Vaters, so auch wir in einem neuen Leben wandeln." (Römer 6,4)

Wir bleiben in dieser Andacht noch beim Thema Sünde, und Luther hat in seinem Sermon zur Taufe sehr tröstliche Worte dazu gefunden. Tröstlich – wenn wir zuerst einige mögliche Missverständnisse ausräumen. Christus hat unsere Strafe für die Sünde für uns erlitten. Wenn wir das glauben, an Christus glauben, erklärt uns der Vater für gerecht. Ist es hier nun stattdessen die Taufe, die uns rettet? Die Taufe symbolisiert Gottes Ja über unserem Leben. Unverrückbar. Aber wir ergreifen die Seligkeit mit unserem Glauben. Es geht immer noch um die Botschaft vom Gekreuzigten. Im Kleinen Katechismus antwortet Luther auf die Frage, wie denn die Taufe die Vergebung der Sünde und die ewige Seligkeit geben könne: „Wasser tut's freilich nicht, sondern das Wort Gottes, so mit und bei dem Wasser ist, und der Glaube, so solchem Wort Gottes im Wasser trauet." Und was ist gemeint, wenn David in Psalm 51 sagt, seine Mutter habe ihn in Sünde empfangen? Erklärt er damit den Akt der Zeugung für sündig? Ist Sexualität eigentlich Sünde und der Grund dafür, dass jeder Mensch als Sünder, als Rebell gegen Gott zur Welt kommt? Nein. Gott selbst hat unsere Sexualität geschaffen. Sie ist ein Geschenk von ihm. Gott hat den ersten Menschen geboten, fruchtbar zu sein und Kinder in die Welt zu setzen. Es geht hier nicht um die Art und Weise unserer Zeugung, sondern um den Zeitpunkt, ab dem wir Sünder sind. Seit dem Sündenfall hat jeder neue Mensch, der gezeugt wird, Anteil an der Sünde der ersten Menschen. Aber dabei muss es nicht bleiben. Schließlich, warum muss die Sünde noch ersäuft werden? Hat Gott uns als Gläubige nicht für gerecht erklärt? Doch, das hat er. Wir begegnen hier Luthers Satz, dass jeder, der an Jesus glaubt, Gerechter und Sünder zugleich ist, *(simul iustus et peccator)*. In Gottes Augen sind wir gerecht, aber die Gerechtigkeit ist nicht in uns, sondern in Christus. Sie ist, wie wir später sehen werden, wie ein Sonnenschirm, der uns vor dem blendenden Licht der Heiligkeit Gottes beschirmt. In uns selbst sind wir dieselben Sünder wie zuvor, d. h. nicht ganz. Gott beginnt auch, uns faktisch gerecht zu machen. Aber die Gerechtmachung, unser Leben als Neue Menschen, ist nur ein Beginn, ein zartes Pflänzlein der Veränderung, das uns niemals den Himmel verdienen könnte. Wir werden als Sünder sterben – aber dann, am Jüngsten Tag, wird Gott uns ganz verwandeln. Der Kampf gegen die Sünde bleibt uns also in diesem Leben. Wir werden auch Niederlagen erleben. Aber darüber müssen wir nicht mehr verzweifeln. Wir dürfen wegsehen von unseren schwachen Bemühungen, nach Gottes Maßstäben zu leben, denn Gottes Ja für uns hängt nicht davon ab. Er sieht in uns Christus, unseren Stellvertreter, der für uns gestorben ist. Die Taufe erinnert uns daran und spricht uns Gottes unwiderrufliches Ja zu. Auch für mich ist Jesus gestorben. Auch mir bietet er im Evangelium sein Heil an. Er streckt mir seine Hand entgegen und er wird sie nicht wegziehen. Daran darf ich glauben.

» Wir haben als Gläubige die Sünde nicht hinter uns gelassen, aber sie verdammt uns nicht mehr. Was bedeutet das für unser Selbstbild? Vorsicht vor dem Irrtum, uns für moralisch besser zu halten als unsere Umwelt!

» Es ist für Luther immer klar, dass Christen Leute sind, die versuchen, nach Gottes Geboten zu leben. Diesen Punkt sollten wir nicht überspringen, auch wenn er nicht die Mitte unseres Christseins ist. Ein Kennzeichen unseres neuen Lebens ist nicht notwendig der Sieg über die Sünde, wohl aber der Kampf gegen sie.

Danke, Vater im Himmel, dass der Tod nicht unser Ende bedeutet, sondern das Ende unserer Sünde!

Tag 7

Was ist christliche Freiheit?

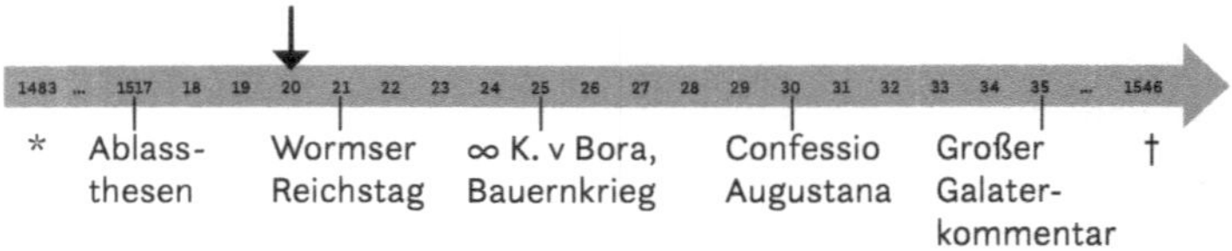

Zum Ersten: Daß wir gründlich mögen erkennen, was ein Christenmensch sei und wie es getan sei um die Freiheit, die ihm Christus erworben und gegeben hat, davon St. Paulus viel schreibt, will ich setzen diese zwei Beschlüsse:

Ein Christenmensch ist ein freier Herr über alle Dinge und niemand untertan.

Ein Christenmensch ist ein dienstbarer Knecht aller Dinge und jedermann untertan.

Diese zwei Beschlüsse sind klar: St. Paulus, 1. Kor. 9,19: „Ich bin frei in allen Dingen und habe mich eines jedermanns Knecht gemacht"; item Römer 13,8: „Ihr sollt niemand in etwas verpflichtet sein, außer daß ihr euch untereinander liebet." Liebe aber, die ist dienstbar und untertan dem, was sie lieb hat; also auch von Christo, Galat. 4,4: „Gott hat seinen Sohn ausgesandt, von einem Weibe geboren, und dem Gesetz untertan gemacht."

Zum andern: Diese zwei sich widersprechenden Reden von Freiheit und Dienstbarkeit zu vernehmen, sollen wir gedenken, daß ein jeglicher Christenmensch ist zweierlei Natur, geistlicher und leiblicher. Nach der Seele wird ein geistlicher, neuer, innerlicher Mensch genannt, nach dem Fleisch und Blut wird er ein leiblicher, alter und äußerlicher Mensch genannt. Und um dieses Unterschiedes willen wird von ihm gesagt in der Schrift, das da stracks wider einander ist, wie ich jetzt gesagt von der Freiheit und Dienstbarkeit.

(Aus *Von der Freiheit eines Christenmenschen*, 1520)

„Denn obwohl ich frei bin von jedermann, habe ich doch mich selbst jedermann zum Knecht gemacht, auf dass ich möglichst viele gewinne.“ (1. Korinther 9,19)

„Seid niemandem etwas schuldig, außer dass ihr euch untereinander liebt; denn wer den andern liebt, der hat das Gesetz erfüllt.“ (Römer, 13,8)

In Freiheit befindet sich Martin Luther im Jahr 1520 tatsächlich (noch), aber es ist eine turbulente Zeit für den Wittenberger Reformator. Bis 1520 hatte der Papst noch auf Friedrich den Weisen, Luthers Landesherrn, Rücksicht genommen. Der stellte sich im Streit mit der Kirchenleitung hinter seinen Theologieprofessor Luther, war als Kurfürst von Sachsen aber auch an der anstehenden Kaiserwahl beteiligt und damit für den Papst interessant. Es hatte eine vergebliche diplomatische Visite des päpstlichen Kammerjunkers Karl von Miltitz gegeben und der spanische Thronkandidat, Karl V., war als Nachfolger für Kaiser Maximilian gewählt worden. Künftig würde seine Heiligkeit in Rom sich an den jungen Kaiser Karl wenden, um Fortschritte in der Luthersache zu machen. Das Tischtuch zwischen Luther und der Kurie war zerschnitten, seit die Bannandrohungsbulle die Bekanntschaft mit einem Wittenberger Feuer gemacht hatte, und sicherlich hätte die Kirchenleitung ihm diesen Akt des Ungehorsams gern mit gleicher Münze heimgezahlt. Aber der Papst konnte Luther nicht einfach verhaften lassen, solange er sich auf kursächsischem Gebiet befand, und es sollte sich in der Zukunft zeigen, dass auch der Kaiser das nicht einfach so vermochte. Luther war frei, äußerlich gesehen, aber in seiner Schrift V*on der Freiheit eines Christenmenschen* geht es sehr viel grundsätzlicher um die christliche Freiheit. Luther spricht von der Freiheit unseres Gewissens vor Gott und verbindet damit dennoch den freiwilligen Dienst für den Nächsten. Er redet hier paradox, also in scheinbaren Widersprüchen. Wir sind ganz frei – aber dennoch, oder vielleicht gerade deswegen, frei für den Dienst für andere. Die Formel vom Christen als *simul iustus et peccator* (gerecht und Sünder zugleich) können wir hier im Hinterkopf behalten. Wenn wir an Christus glauben, spricht uns Gott gerecht, rechtfertigt uns. Das garantiert uns unsere Freiheit von jeder Forderung im Gewissen. Christus hat alles für uns getan, das Gesetz für uns erfüllt. Gott sieht uns in Christus und wir sind vor ihm gerecht und frei. In uns selbst aber sind wir noch Sünder und es ist uns heilsam, mit Gottes Hilfe gegen die Sünde zu kämpfen. Mehr noch, durch die Freiheit im Gewissen sind wir frei für diesen Kampf. Und wir sind frei für den Einsatz für den Nächsten, weil er nicht mehr von der Angst um unser Heil geprägt sein muss. Nur derjenige kann sich für andere zum Knecht machen, der selbst frei ist, so wie Paulus in 1. Korinther 9,19 und Jesus selbst im Bericht von der Fußwaschung in Johannes 13.

Können wir heutigen Evangelischen ermessen, welche Last mit der Gewissensfreiheit von den Gläubigen zu Luthers Zeit genommen war? Es war eine Zeit, in der fast jeder selbstverständlich von Gottes Existenz ausging. Gott war da, und er war der Richter, vor dem sich jeder nach seinem Tod zu rechtfertigen hatte. Da kamen die Verdienste ins Spiel, und viele lebten in dem Bewusstsein, dass sie ihr Punktekonto nicht allein füllen konnten. Manche schlossen sich frommen Bruderschaften an und hofften, dass deren gemeinsame Verdienste für die Einzelnen mitzählen würden. Man glaubte, dass die Mönche und Nonnen in den Klöstern überschüssige Verdienste für die einfachen Leute erwirtschaften würden. Und wenn Christus primär als Richter gesehen wurde, richtete die Verehrung vieler sich eben auf Maria und die Heiligen. Die forderten nichts und man hoffte auf ihre Fürbitte. Nur, sicher konnte man im Einzelfall nicht sein …

» Was bedeutet es für mich persönlich, einen gnädigen Gott zu haben?

» Wie könnte der so leicht zu überlesende Satz vom „dienstbaren Knecht“ für mich praktisch werden? Was hat die Liebe damit zu tun?

» Christus hat unser Punktekonto für uns gefüllt. Es fehlt nichts mehr. Wo wir uns für andere einsetzen, tun wir es nicht *um* in den Himmel zu kommen, sondern *weil* wir in den Himmel kommen.

Tag 8
Blitz und Donner

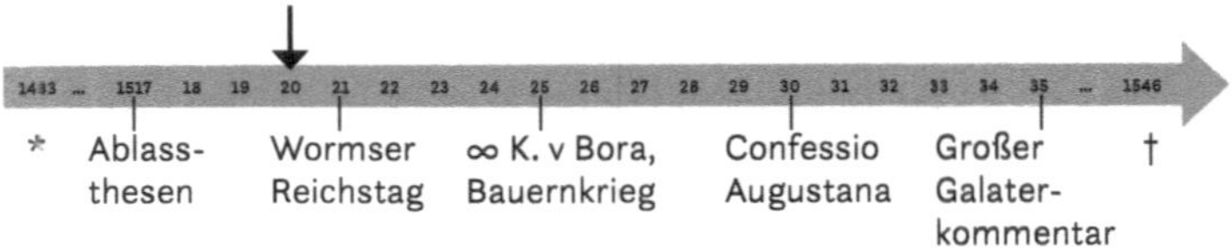

Auch alle Apostel, Bischöfe, Priester und der ganze geistliche Stand allein um des Wortes willen ist berufen und eingesetzt, wiewohl es nun leider anders geht.

Zum sechsten fragst du aber: „Welches ist denn das Wort, das solch große Gnade gibt, und wie soll ich's gebrauchen? Antwort: Es ist nichts anderes denn die Predigt, von Christo geschehen, wie sie das Evangelium enthält, welche soll sein und ist also getan, daß du hörest deinen Gott zu dir reden, wie all dein Leben und Werke nichts seien vor Gott, sondern müssest mit allem dem, was in dir ist, ewiglich verderben. So du solches recht glaubst, wie du schuldig bist, so mußt du an dir selber verzweifeln und bekennen, daß wahr sei der Spruch Hoseä: „O Israel, in dir ist nichts denn dein Verderben, allein aber in mir steht deine Hilfe." Daß du aber aus dir und von dir, das ist aus deinem Verderben, kommen mögest, so setzt er dir vor seinen lieben Sohn Jesum Christum und läßt dir durch sein lebendiges, tröstliches Wort sagen: Du sollst in denselben mit festem Glauben dich ergeben und frisch auf ihn vertrauen. So sollen dir um desselben Glaubens willen alle deine Sünden vergeben, all dein Verderben überwunden sein, und du gerecht, wahrhaftig, befriedet, fromm und alle Gebote erfüllet sein, von allen Dingen frei sein, wie St. Paulus sagt, Römer 1,17: „Ein rechtfertiger Christ lebt nur von seinem Glauben"; und Römer 10,4: „Christus ist das Ende und die Fülle aller Gebote denen, die an ihn glauben."

(Aus *Von der Freiheit eines Christenmenschen,* 1520)

„Denn wenn du mit deinem Munde bekennst, dass Jesus der Herr ist, und glaubst in deinem Herzen, dass ihn Gott von den Toten auferweckt hat, so wirst du gerettet. Denn wer mit dem Herzen glaubt, wird gerecht; und wer mit dem Munde bekennt, wird selig." (Römer 10,9-10)

„So kommt der Glaube aus der Predigt, das Predigen aber durch das Wort Christi." (Römer 10,17)

Luthers Aussagen in dieser und etlichen der bisherigen Andachten sind nicht einfach als theologische oder dogmatische Formeln gedacht, die wir zur Kenntnis nehmen und dann hinter uns lassen könnten. Es sind Antworten auf die Frage „Wie bekomme ich einen gnädigen Gott?" Luthers Theologie ist eine existenzielle Theologie und er ist zu ihr durchgebrochen als ein Christ, der mit starken und wiederholten Glaubensanfechtungen zu kämpfen hatte. Inneren Frieden mit Gott, Freiheit des Gewissens vor ihm – das war es, was er lange Zeit eben *nicht* fand. Martin Luther war nicht der Einzige, der in dem zuvor skizzierten Schema der mittelalterlichen Soteriologie (Lehre von der Erlösung) nicht zur Gewissheit seines Heils durchdringen konnte, aber er war ein Christ mit einem wachen Gewissen, der alles Menschenmögliche versucht hat. Es war das Gewitter bei Stotternheim, das in Martin, damals noch dem Wunsch seines Vaters entsprechend ein Student der Rechte in Erfurt, den überwältigenden Wunsch nach Frieden mit Gott weckte. Umgeben von Sturm und Blitzen wurde ihm die Frage drängend, wie er vor Gott, dem himmlischen Richter, bestehen sollte, wenn er in diesem Augenblick sterben und die Bilanz seines Lebens ziehen musste. Er konnte es nicht. Der Gewinn von materiellem Wohlstand und von Anerkennung durch Menschen – das war nichts, was Ewigkeitswert hatte. Ein Leben, das vor Gott zählte, würde er nach den Vorstellungen der Zeit am ehesten im Kloster finden. Wer sollte seines Heiles eher gewiss werden als ein Mönch, der so viele Gelegenheiten hatte, Verdienste vor Gott zu erwerben? Kurze Zeit später hatte Luther das Jurastudium an den Nagel gehängt, seinen Vater gegen sich aufgebracht und die Mönchslaufbahn als Novize des Erfurter Augustinereremitenklosters eingeschlagen. Würde er hier die Antwort auf seine Frage nach dem gnädigen Gott bekommen?

Kurz gesagt, er war noch weit entfernt von der Antwort, die er hier in unserem Text gibt. Wir finden den gnädigen Gott in der Predigt von Christus, dem Gekreuzigten und Auferstandenen. Jede recht verstandene Predigt ist Zuspruch des Evangeliums, Zuspruch der Gnade Gottes. Wir begegnen dem gnädigen Gott in der Predigt, deren Zentrum Christus ist. Unser Glaube ist *fides ex auditu* – Glaube, der aus dem Hören kommt. Nicht aus dem Gefühl. Nicht aus unserem Tun. Christus wird uns als der Heiland verkündigt, der unsere Sünde getragen und unsere Gerechtigkeit vor dem Vater geschaffen hat. In einer solchen Predigt begegnen wir Christus, der uns freispricht. Mit „Predigt" meinen wir die Botschaft von Christus, in der uns Gottes Gnade zugesprochen wird. Das kann in der klassischen Predigt auf der Kanzel geschehen, in einem Gespräch, einem Lied. Entscheidend ist: Wir brauchen Christus. Wir brauchen den lebendigen Zuspruch der Gnade, der immer wieder in unser Gewissen hineinklingt. Ganz existenziell. Gerade für Menschen, die dazu neigen, an sich selbst und ihrem Glauben zu (ver-)zweifeln, gilt: Die Botschaft von Christus ist es, die uns zu unserem Glauben und Leben Kraft gibt. Auch heute.

» Wie weit oben steht Gott auf meiner persönlichen Prioritätenliste? Könnte er sogar meine Lebensplanung beeinflussen?

» Warum sollte Gott mir persönlich gnädig sein?

Danke, Herr Jesus, dass jedem von uns der Zuspruch der Gnade gilt. Da ist kein Mensch, für den du nicht gestorben wärst, keine Hand, die du nicht ergreifen, keine Schuld, die du nicht vergeben würdest.

Tag 9

Bruder Martin und die Bibel

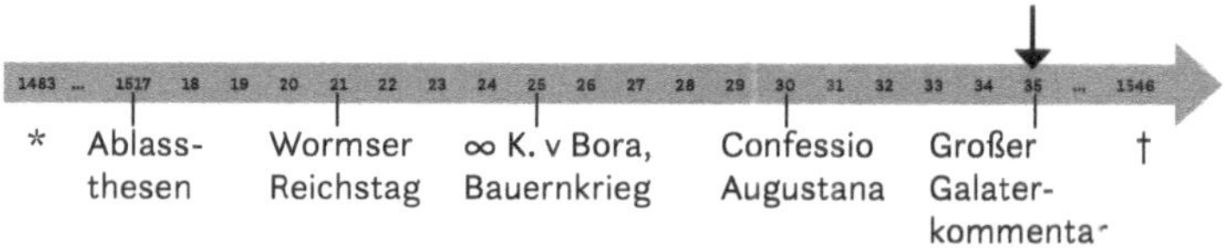

Wer aus dem Artikel von der Rechtfertigung herausfällt, kennt Gott nicht und ist ein Götzendiener.

Wenn dieser Artikel aufgehoben ist, bleibt nichts weiter übrig als lauter Irrtum, Heuchelei, unfrommes Wesen, Götzendienst, wenn auch äußerlich der Schein höchster Heiligkeit da ist. Der Grund ist folgender: Gott will nur durch Christus erkannt werden (und es kann auch nicht anders sein, nach Joh. 1,18). Er ist der Same, der dem Abraham verheißen wurde, auf ihn hat Gott alle seine Verheißungen gegründet. Darum ist Christus allein das Mittel, das Leben und der Spiegel, durch den wir Gott sehen und seinen Willen erkennen.

Durch Christus macht uns Gott seine Gunst und Barmherzigkeit kund. In Christus sehen wir, daß Gott kein zorniger Forderer und Richter ist, sondern geneigter und allermildester Vater, der segnet, d. h. uns von Gesetz, Sünde, Tod und allen Übeln befreit und uns durch Christus mit Gerechtigkeit und ewigem Leben beschenkt. Das ist die gewisse und wahre Gotteserkenntnis und göttliche Überzeugung, die nicht täuscht, sondern den ganz wirklichen Gott in bestimmter Gestalt zeigt, und außerhalb dieser Erkenntnis ist Gott nicht.

(Aus dem *Großen Galaterkommentar*, 1535)

„Niemand hat Gott je gesehen; der Eingeborene, der Gott ist und in des Vaters Schoß ist, der hat es verkündigt.“ (Johannes 1,18)

„Denn das Wort vom Kreuz ist eine Torheit denen, die verloren werden; uns aber, die wir selig werden, ist es Gottes Kraft." (1. Korinther 1,18)

„Denn ich hielt es für richtig, unter euch nichts zu wissen als allein Jesus Christus, ihn, den Gekreuzigten." (1. Korinther 2,2)

Luthers Alltag im Kloster war sicherlich kein Spaziergang. Leben in einer kleinen Zelle, regelmäßige Gebetszeiten (auch nachts), Armut, Keuschheit und Gehorsam. Und er machte es sich nicht einfach, nahm den neuen Lebensstil mit seinen geistlichen Übungen ernst. Dazu gehörte auch die regelmäßige Beichte, und die sollte vollständig sein. Für Luthers waches Gewissen bedeutete dies die ständige Ungewissheit, ob er genug gebeichtet hatte. Er beichtete manchmal stundenlang und konnte seinen Beichtvater damit zur Verzweiflung bringen. Nach dem Noviziat legte er seine Profess, also sein Klostergelübde, ab. Er war zur Priesterweihe bestimmt und begann sein Theologiestudium. Dabei machte er es sich zur Gewohnheit, eifrig in der Bibel zu lesen, was damals für einen Theologiestudenten nicht so selbstverständlich war, wie es klingt. Hier entwickelte er sich nach und nach zu einem echten Experten. Trotz aller geistlichen Übungen und Beichten fühlte Martin sich aber weiter ungenügend und unwürdig. Bei seiner Primiz, seiner ersten heiligen Messe, war er voller Angst darüber, dass er, der sündige Mensch, dem heiligen Gott in der Eucharistie begegnen sollte. Trotz aller Fortschritte im Klosterleben und Studium fand Martin seinen gnädigen Gott nicht. Neben Momenten des geistlichen Hochgefühls, die er auch manchmal hatte, standen seine ausgedehnten Phasen der Anfechtung. Luther haderte mit Gott und dessen Forderungen, konnte sich nicht vorstellen, dass er jemals gut genug werden könnte, um den Zorn des Richters abzuwenden. Sein Punktekonto vor Gott blieb leer, auch als Mönch. Er wurde seines Glaubens nicht froh. Er sollte Gott lieben, doch in sich fühlte er nur Angst und Abwehr ihm gegenüber. Johann von Staupitz, Luthers Ordensoberer und Mentor, konnte ihm nicht zur Gewissheit seines Heils verhelfen. Aber er brachte ihn auf die richtige Spur. Martin sollte nicht auf sich sehen, sondern auf Christus. Den Gekreuzigten.

Die geistliche Bewegung, die sich hier andeutet, hat er dann später in seinem Turmerlebnis vollendet. In unserem Text von 1535 ist dann der Fokus auf dem Christus der Rechtfertigung ganz zentral. Wir stehen hier in der Mitte von Luthers Theologie, blicken auf das offene Fenster, durch das das Sonnenlicht hereinfällt und den ganzen Raum erhellt. Hier, nur hier, erkennen wir Gott. Christus ist die Mitte der Heiligen Schrift und aller Hermeneutik (Erklärung der Bibel).

Was suche ich, wenn ich meine Bibel aufschlage? Hat alles darin das gleiche Gewicht, egal ob es um den Bericht von Jesu Auferstehung geht, um die Mauern von Jerusalem, die Esra und Nehemia wieder aufbauen wollten, oder um den Mantel, den Paulus bei Karpus in Troas vergessen hatte? Seit Luther die geschenkte Gerechtigkeit entdeckt hat, hat die Bibel für ihn ein Zentrum und das ist der Christus, der uns diese Gerechtigkeit erworben hat. Er sucht in der Bibel das, „was Christum treibet", den Christus der Rechtfertigung. Luther konnte formulieren: „Nimm Christus aus der Schrift, was wirst du dann noch in ihr finden?" Die Frage ist rhetorisch und die Antwort lautet: gar nichts. Die ganze Bibel ist ein Christusbuch, weist hin auf ihre Mitte in dem gekreuzigten Gottessohn. Heißt das nun, dass wir alle Stellen in der Bibel allegorisch auf Christus hin deuten sollen? Nein. Nicht jeder Baum und Strauch im Alten Testament „bedeutet" Christus. Die Texte haben ihr eigenes Recht. Aber es gibt keine Stelle in der Bibel, die nicht im Schatten des Kreuzes steht. In der Bibel können wir Christus finden, ihn kennenlernen, und in ihm, dem Mann von Golgatha, blicken wir Gott, dem Vater, ins Herz.

» Was ist für Luther der Weg zur Gotteserkenntnis?

- » Welche Rolle hat die Anfechtung bei Luthers Suche nach dem gnädigen Gott gespielt?

- » Wie können wir die Bibel auf Christus hin lesen? Wie geht das praktisch?

Tag 10
22 Sterne

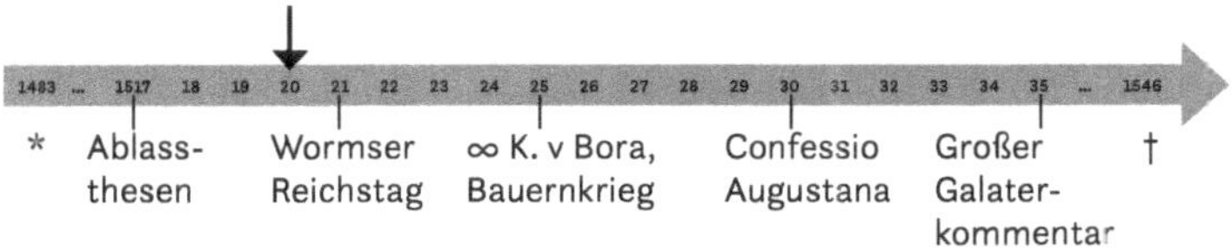

Zum achten: Wie geht es aber zu, daß der Glaube allein kann fromm machen, und ohne alle Werke so überschwenglichen Reichtum geben, so doch so viel Gesetze, Gebote, Werke und Weisen uns vorgeschrieben sind in der Schrift? Hier ist fleißig zu merken und ja mit Ernst zu behalten, daß allein der Glaube ohne alle Werke fromm, frei und selig machet, wie wir hernach mehr hören werden, und ist zu wissen, daß die ganze Heilige Schrift wird in zweierlei Worte geteilet, welche sind: Gebote oder Gesetze Gottes und Verheißen oder Zusagungen. Die Gebote lehren und schreiben uns vor mancherlei gute Werke, aber damit sind sie noch nicht geschehen. Sie weisen wohl, sie helfen aber nicht, lehren, was man tun soll, geben aber keine Stärke dazu. Darum sind sie nur dazu geordnet, daß der Mensch darinnen sehe sein Unvermögen zu dem Guten und lerne an sich selbst verzweifeln. Und darum heißen sie auch das Alte Testament und gehören alle ins Alte Testament. Wie das Gebot: „Du sollst nicht böse Begierde haben" beweiset, daß wir allesamt Sünder sind und kein Mensch vermag zu sein ohne böse Begierde, er tue, was er will, woraus er lernet an sich selbst verzagen und anderswo zu suchen Hilfe, daß er ohne böse Begierde sei und also das Gebot erfülle durch einen andern, was er aus sich selbst nicht vermag, also sind auch alle andern Gebote uns unmöglich.

(Aus *Von der Freiheit eines Christenmenschen*, 1520)

„Denn durch des Gesetzes Werke wird kein Mensch vor ihm gerecht sein. Denn durch das Gesetz kommt Erkenntnis der Sünde." (Römer 3,20)

Wie können wir die Bibel auf Christus hin lesen? Wie geht das praktisch? Luther fand die Antwort in der Unterscheidung von zweierlei Worten in der Heiligen Schrift: Gesetz und Verheißung. Andere Bezeichnungen dafür sind *Gesetz und Evangelium* oder auch *Anspruch* und *Zuspruch* Gottes. Wir begegnen dem Gesetz überall, wo wir in der Bibel von Gottes Forderungen an uns lesen. Jedes „du sollst" gehört zum Gesetz, jede Bedingung unseres Heils, jede Gerichtsandrohung. Die meisten davon finden wir im Alten Testament, aber dazu gehören auch die Gebote und Paränesen im Neuen Testament, während sich im Alten Testament durchaus auch Evangelium findet. Jede Forderung ist aber in dem Sinne Altes Testament, als sie als Gesetz zu diesem ersten, vorläufigen Wort Gottes gehört, dem im Evangelium immer Gottes zweites, endgültiges Wort gegenübersteht. Im Gesetz stellt Gott seine Forderungen an unser Leben. Aber der Maßstab ist unerfüllbar.

Es ist wie … eine Anordnung von Gymnasialprofessor Theodosius Müller. Damals, als Oberstufenschüler noch Pennäler waren, Mädchen und Jungen getrennt unterrichtet wurden und es eben noch „Gymnasialprofessoren" gab. Da unterrichtete am Gymnasium Ernestinum in einem beschaulichen Kleinstädtchen der seit dreißig Jahren von allen respektierte und gefürchtete Theodosius Müller, Lehrer für Latein und Griechisch. Und wenn in der Ferne seine leicht schlurfenden Schritte zu hören waren – er hatte im Krieg von 1870/71 einen französischen Granatsplitter abbekommen – und bald darauf sein gebeugtes Gelehrtenhaupt mit der spiegelnden Glatze und dem eisgrauen Bart im Türrahmen der Klasse erschien, dann standen alle Schüler wie ein Mann in Habachtstellung an ihren Pulten. „Gu-ten Mor-gen, Pro-fes-sor Mül-ler!", hallte es im Chor. Müller galt als hart, aber gerecht, doch durfte man sich von seinem Lieblingssatz, „Das ist kein Gesetz der Meder und Perser“, nicht täuschen lassen. Denn tatsächlich *waren* alle von Müllers Anordnungen Gesetz und es machten Gruselgeschichten über den einen oder anderen unglücklichen Pennäler die Runde, der mit seinem Ungehorsam des Professors Zorn erregt hatte. Man wisperte von nächtelangen Strafarbeiten, dem Herbeizitieren der Eltern und Schlimmerem.

Seltsam, dass keiner der Schüler dergleichen selbst erlebt hatte, aber man *erzählte* sich dafür umso mehr Haarsträubendes. Entsprechend groß war der Schrecken, als Müller eines Morgens mit einer Ankündigung vor die Klasse trat: „Meine Herren, Ihre Leistungen im Lateinischen waren im letzten Halbjahr mehr als nur beklagenswert. Ich habe daher festgelegt, dass ich nur die Versetzung derjenigen Schüler befürworten werde, die im laufenden Halbjahr 22 Sterne erreichen.“ Stille, dann Entsetzen. Die Vergabe von Sternen war eine Marotte von Professor Müller. Sterne gab es für gute Leistungen und vorbildliches Betragen – nur, egal, wie man auch rechnete, es wurden niemals mehr als 21 Sterne vergeben. Selbst Hannes Heukendieck, der Primus, hatte nie mehr als 20 erreicht. Die meisten Schüler gaben sofort auf, nur der arme Primus versuchte einige Tage vergeblich, sich eine Leistung, würdig eines Sonderpunktes, aus dem Hirn zu leiern. Nach einer Woche meldete er sich kleinlaut in Müllers Unterricht zu Worte. „Entschuldigen Sie, Herr Professor, wir können es einfach nicht schaffen.“ Und Professor Müller – strahlte. „Keine Sorge, meine Herren, das war alles, was ich hören wollte. Keiner von Ihnen, keiner von uns, wird jemals perfekt sein. Nicht einmal Sie, Herr Heukendieck. Manchmal müssen wir uns das eingestehen, am besten, bevor wir uns selbst für untadelig halten.“

Kein Mensch kann die 22 Sterne erreichen. Aber das müssen wir erst mal einsehen. Wir wollen uns den Himmel verdienen – und die wichtigste Funktion des Gesetzes, so Luther, besteht darin, uns zu zeigen, dass wir es nicht schaffen können.

» „Ich hab' ja doch einige Fehler, aber verglichen mit dem in der Gemeinde (oder gar außerhalb) kann Gott doch ganz zufrieden mit mir sein …" Wo liegt hier der Denkfehler?

» Moment … wenn das Gesetz mir zeigen soll, dass ich es nicht erfüllen kann, warum soll ich es denn überhaupt versuchen?

» In welcher Gefahr stehen gerade die moralischsten und frommsten Leute in der Gemeinde?

Tag 11
Anspruch und Zuspruch

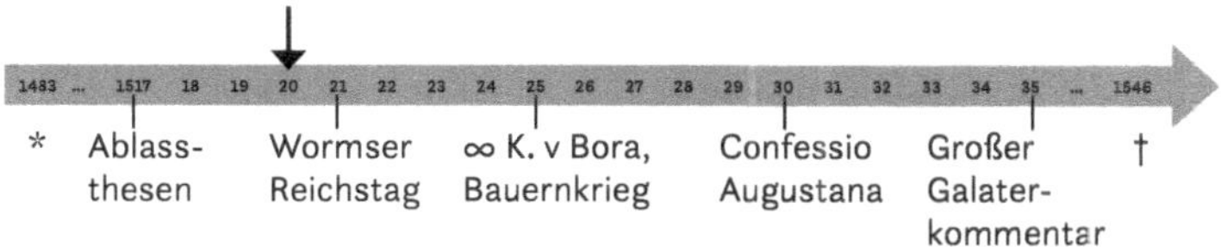

Zum neunten: Wenn nun der Mensch aus den Geboten sein Unvermögen gelernet und empfunden hat, so daß ihm nun Angst wird, wie er dem Gebot Genüge tue, sintemal das Gebot muß erfüllet sein oder er muß verdammt sein, so ist er recht gedemütigt und zunichte geworden in seinen Augen, findet nichts in sich, damit er könne fromm werden. Dann kommt das andre Wort, die göttliche Verheißung und Zusagung, und spricht: Willst du alle Gebote erfüllen, deine böse Begierde und Sünde los werden, wie die Gebote zwingen und fordern, siehe da, glaube an Christum, in welchem ich dir zusage alle Gnade, Gerechtigkeit, Frieden und Freiheit; glaubst du, so hast du, glaubst du nicht, so hast du nicht; denn was dir unmöglich ist mit allen Werken der Gebote, deren viele und doch keines nütze sein müssen, das wird dir leicht und kurz durch den Glauben; denn ich habe kurz in den Glauben gestellet alle Dinge, daß, wer ihn hat, soll alle Dinge haben und selig sein, wer ihn nicht hat, soll nichts haben. Also geben die Zusagungen Gottes, was die Gebote erfordern, und vollbringen, was die Gebote heißen, auf daß es alles Gottes eigen sei, Gebot und Erfüllung. Er heißet allein, er erfüllet auch allein. Darum sind die Zusagungen Gottes Worte des Neuen Testaments und gehören auch ins Neue Testament.

(Aus *Von der Freiheit eines Christenmenschen*, 1520)

„Wahrlich, wahrlich, ich sage euch: Wer mein Wort hört und glaubt dem, der mich gesandt hat, der hat das ewige Leben und kommt nicht in das Gericht, sondern er ist vom Tode zum Leben hindurchgedrungen." (Johannes 5,24)

„Da fragten sie ihn: Was sollen wir tun, dass wir Gottes Werke wirken? Jesus antwortete und sprach zu ihnen: Das ist Gottes Werk, dass ihr an den glaubt, den er gesandt hat." (Johannes 6,28-29)

Wie könnte die Geschichte von Professor Müller und seinen Schülern weitergegangen sein? Ich schätze, erst einmal waren alle sehr erleichtert. Das Schwert schwebte nicht mehr über ihren Häuptern. Mit der Zeit kehrte alles zur Normalität zurück. Die Schüler mussten immer noch so viel arbeiten, dass am Ende des Halbjahres wenigstens eine ausreichende Leistung herauskam. Die meisten werden das Nötige getan haben und dann aufgebrochen sein zum Fußballspielen und all den Dingen, die zum Leben von Jungs in ihrem Alter gehörten. Aus den Zimmern des Primus Heukendieck und einiger anderer wird man fleißiges Deklinieren gehört haben: *„lex, legis, legi, legem, lege, leges, legum, legibus, leges, legibus …"* Dann nahte das Ende des Halbjahres und die letzte Klausur wurde geschrieben. Und alle in der Klasse rechneten. Würde es diesmal wieder reichen für die Versetzung? Und schließlich, am letzten Schultag, lauschten alle Pennäler gebannt auf die bekannten schlurfenden Schritte, dann betrat Professor Müller den Raum und begann, auf dem Katheder thronend, mit dem Tag des Gerichts. Mit dem Primus beginnend wurden alle Schüler namentlich aufgerufen und nahmen bei Müller ihre Note in Empfang. Hannes Heukendiecks Gesicht begann zu leuchten. „Mensch, 22 Sterne? Wie hab' ich denn das gemacht?" Weiter hinten raunte der dicke Bernhard Glabert: „Klar, wenn das einer schaffen konnte, dann der." Aber das Leuchten sprang auf das Gesicht des Nächsten in der Reihe über. „Was, ich habe, ähm, auch 22 Sterne?!" Und so ging es weiter. 22 Sterne. Jeder einzelne Schüler schwebte verdattert mit demselben eigentlich unmöglichen Urteil an seinen Platz zurück, inklusive Glabert und Robert Schenke von der Fußballfraktion, der noch nie einen lateinischen Satz richtig übersetzt hatte. Professor Müller lächelte hintersinnig: „Meine Herren, wer von Ihnen kann mir den Begriff ‚Gnade' definieren?"

Wir merken, unsere Beispielgeschichte kommt an ihre Grenzen. Kein realer Lehrer könnte so über die tatsächlichen Leistungen seiner Schüler hinweggehen. Nicht einmal, wenn er selbst alle Klausuren für sie schreiben würde. Nicht in einer Welt, in der es Rektoren und Schulämter gibt. Aber Gott kann. Er kann uns tatsächlich Leistungen anrechnen, die er selbst erbracht hat.

Wie können wir die Bibel auf Christus hin lesen? Wie geht das praktisch? Das zweite Wort Gottes in der Heiligen Schrift, die göttliche Verheißung und Zusagung, nennt Luther meist einfach das *Evangelium*. Das *Evangelium* im Gegenüber zum *Gesetz*. Entscheidend ist, was Luther mit diesem Wort meint. Es geht nicht um einen Bericht vom Leben, Sterben und Auferstehen Jesu im Sinne der vier Evangelien von Matthäus, Markus, Lukas und Johannes. Auch nicht um die Botschaft der Bibel im Ganzen. Mit Evangelium meint er die Botschaft vom Christus der Rechtfertigung, genauer: den Zuspruch der Gnade aufgrund des Kreuzesopfers Jesu, den wir im Glauben ergreifen. Der Anspruch des Gesetzes bedeutet Forderung und Anklage. Der Zuspruch des Evangeliums bedeutet Gnade und Freispruch. Das Gesetz richtet uns hin, dann richtet das Evangelium uns auf. Wir lesen die Bibel also immer in einem Zweischritt, einer Dialektik. Erst begegnen wir Gottes Forderung, die unsere selbstgemachte Gerechtigkeit wie ein Hammer zerschlägt und uns zeigt, dass wir einen Erlöser, einen Stellvertreter brauchen. Dann kann uns das Evangelium erreichen: Christus hat alles getan. Wir finden beide Worte Gottes in der Bibel, manchmal in derselben Schriftstelle. „Gott heißet (fordert, gebietet) allein, er erfüllt auch allein." Gott schenkt uns selbst, was er fordert.

» Nicht jedes Bibelwort enthält Evangelium, aber jedes Bibelwort steht in Beziehung zum Evangelium. Was heißt das?

» Das Evangelium hat immer das letzte Wort. Als Zuspruch. Heißt das, das Gott alles automatisch vergibt?

Tag 12
Kein Hamsterrad

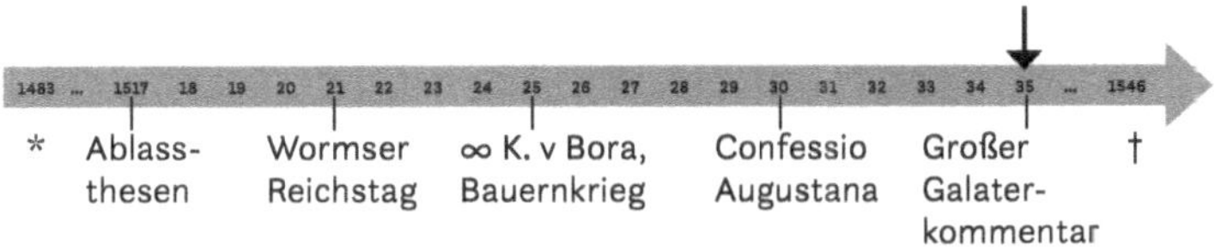

Wenn es um die Gerechtigkeit Christi geht, haben wir also nichts zu wirken, da bringen wir nichts vor Gott, sondern sind lediglich die Empfangenden und erleiden einen anderen, der in uns wirkt, nämlich Gott. Daher bezeichnet man diese Glaubens- oder christliche Gerechtigkeit gern als passive Gerechtigkeit. Diese Gerechtigkeit ist im Geheimnis verborgen und wird von der Welt nicht erkannt, ja die Christen selbst halten sie für nicht genügend fest und schwer genug begreifen sie diese Gerechtigkeit in den Anfechtungen. Daher ist diese Gerechtigkeit immer neu einzuprägen und durch ständigen Gebrauch einzuüben. Und wer die in den Bedrängnissen und Schrecken des Gewissens nicht festhält oder begreift, kann nicht bestehen. Es gibt nämlich keinen so festen und sicheren Trost der Gewissen als diese passive Gerechtigkeit. Aber derart ist die menschliche Schwachheit und Armseligkeit, daß wir in den Schrecken des Gewissens und in den Gefahren des Todes auf nichts anderes schauen als auf unsere Werke, unsere Würdigkeit und aufs Gesetz.

Daher verwerfe ich mich außerhalb aller aktiven Gerechtigkeit, außerhalb meiner eigenen und des Gesetzes Gerechtigkeit und umfasse schlicht jene passive Gerechtigkeit, die da ist die Gerechtigkeit der Gnade, der Erbarmung, der Sündenvergebung. In Summa: Es ist Christi und des Hl. Geistes Gerechtigkeit, die wir nicht schaffen, sondern erleiden, nicht haben, sondern empfangen, wenn sie uns Gott der Vater durch Jesus Christus schenkt.

(Aus dem *Großen Galaterkommentar*, 1535)

„Sie sind allesamt Sünder und ermangeln des Ruhmes, den sie vor Gott haben sollen, und werden ohne Verdienst gerecht aus seiner Gnade durch die Erlösung, die durch Christus Jesus geschehen ist." (Römer 3,23-24)

„Dem aber, der nicht mit Werken umgeht, aber an den glaubt, der den Gottlosen gerecht macht, dem wird sein Glaube gerechnet zur Gerechtigkeit." (Römer 4,5)

Luthers Großer Galaterkommentar, dem wir hier zum zweiten Mal begegnen, ist zu einer Zeit entstanden, als die Wogen der Gefahr und der Veränderung für Doktor Martinus nicht mehr ganz so hoch schlugen wie in den Anfangsjahren der Reformation. In Deutschland hatten sich, auch politisch, feste Fronten gebildet zwischen Altgläubigen und Evangelischen. Luther hatte das Ordenskleid abgelegt und lebte als Familienvater und Professor in Wittenberg, übrigens immer noch im ehemaligen Augustinerkloster, das ihm der Kurfürst geschenkt hatte. Es war ein gastfreier Haushalt, fast schon ein Studentenwohnheim, und an Luthers Tafel wurden etliche Aussprüche des Reformators mitgeschrieben, die wir als die Tischreden kennen. Der Große Galaterkommentar von 1535 verdankt sich ebenfalls studentischen Mitschriften, natürlich ganz anders als bei den Tischreden. Er geht auf Luthers Vorlesung über den Galaterbrief zurück, die er 1531 vor seinen Theologiestudenten gehalten hat. Diese wurde mitgeschrieben und 1535 mit einem Vorwort Luthers versehen als Buch veröffentlicht. Diesen Kommentar hat man auch als ein Kompendium der Theologie des reifen Luther bezeichnet: Er ist quasi ein Handbuch der lutherschen Theologie in ihrer Endgestalt. Doktor Martinus spricht hier immer wieder über die Mitte seiner Theologie: Rechtfertigung, Gesetz und Evangelium, Trost in der Anfechtung. Während dieses Andachtsbuch im Großen und Ganzen chronologisch vorgeht, sollen dennoch immer wieder auch Texte aus diesem Kompendium eingestreut werden.

Es ist auffallend, wie sehr unser heutiger Text den Gedankengang der reformatorischen Entdeckung wiederaufnimmt. Die Gerechtigkeit, die vor Gott gilt, ist nicht die aktive Gerechtigkeit, die Luther im Kloster durch seine frommen Werke aufbauen wollte. Damals blieb er ganz beim Gesetz, bei der Forderung – und das trieb ihn in die Verzweiflung an sich selbst. Sein Tun genügte einfach nicht. Im Turmerlebnis drang er dann zum Evangelium durch: Gott fordert, aber die Gerechtigkeit, die vor ihm gilt, ist kein Menschenwerk. Es ist Gottes eigene Gerechtigkeit, die er uns schenkt. Sie kommt nicht aus dem Tun, sondern aus dem Empfangen. Im Glauben. Es ist passive Gerechtigkeit. Glaubensgerechtigkeit.

Freilich, damit kommt unsere menschliche Natur nicht einfach so klar. Wir wollen etwas tun, uns etwas erarbeiten. Was nichts kostet, sagt man, ist auch nichts wert. Wenn wir fragen: „Wie bekomme ich einen gnädigen Gott?“, bleiben wir leicht bei dem „ich“ stecken: Wie kann ich, gerade ich, es hinbekommen, dass Gott mir gnädig ist? Der Aufbau einer eigenen Gerechtigkeit scheint das einzige Vernünftige zu sein. Wir können schließlich nicht die Hände in den Schoß legen … Aber es bleibt dabei: „Mit unserer Macht ist nichts getan, wir sind gar bald verloren.“ Und mit dem Tun und Leisten kommt immer auch das Vergleichen. Selbst wenn wir uns in der Gemeinde einig sind, dass allein Christus uns rettet, dass wir alle nur begnadigte Sünder sind: Macht uns das demütig oder teilen wir die anderen und uns selbst immer noch ein auf einer Skala der moralischen Perfektion?

» Gibt es Menschen in der Gemeinde, auf die ich herabsehe, weil ich irgendein Detail aus ihrer Vergangenheit kenne? Wenn ja: Wer hat mich zum Richter meiner Geschwister gemacht? Wie viel Offenheit und Ehrlichkeit in Bezug auf unsere Schwächen ist in unserer Gemeinde möglich?

- Im Gleichnis vom Pharisäer und Zöllner in Matthäus 18: Mit welcher der beiden Figuren habe ich persönlich mehr gemeinsam?

- Führt die Betonung der passiven Gerechtigkeit nicht zu einer Haltung nach dem Motto: „Gott hat mir seine Gerechtigkeit ja schon zugerechnet, also brauche ich nichts mehr zu tun und mich um diese Welt und das richtige Handeln nicht mehr zu kümmern"?

Tag 13

Von steinernen Herzen und glimmenden Dochten

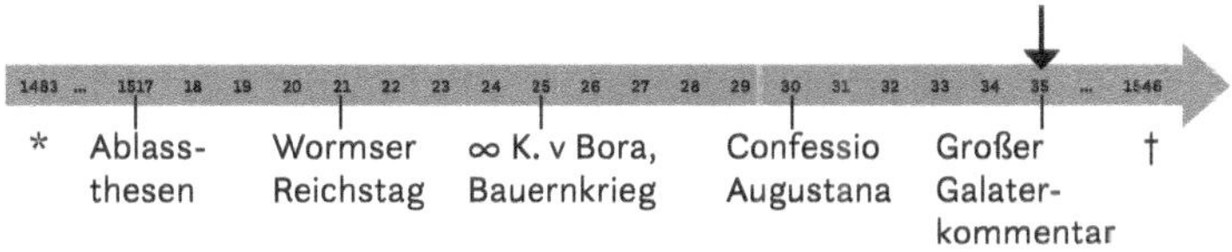

Dazu ist das Gesetz gegeben, daß es die Verhärteten zerschlage und töte und den alten Menschen plage.

Darum wenn ich sehe, daß ein Mensch, der hinreichend zerknirscht ist, durchs Gesetz gedrückt, durch die Sünde erschreckt ist und nach Trost dürstet, da ist's Zeit, daß ich ihm das Gesetz und die eigene Gerechtigkeit aus den Augen rücke und daß ich ihm durch das Evangelium die passive Gerechtigkeit vorstelle, die unter Ausschluß des Mose und des Gesetzes die Verheißung von Christus darbietet, der wegen der Angefochtenen und Sünder gekommen ist. Da wird der Mensch aufgerichtet und faßt Hoffnung und ist nicht weiterhin unter dem Gesetz, sondern unter der Gnade, wie der Apostel sagt: „Nun seid ihr nicht unter dem Gesetz, sondern unter der Gnade" (Röm. 6 14). Wie denn nicht unter dem Gesetz? Nach dem neuen Menschen, den das Gesetz nichts angeht; denn das Gesetz hat seinen Machtbereich bis hin zu Christus, wie Paulus unten sagt: „Das Gesetz reicht bis Christus" (Kap. 3,24). Wenn Christus kommt, weicht Mose mit dem Gesetz, mit der Beschneidung, den Opfern, dem Sabbat und es weichen alle Propheten.

Das ist unsere Theologie, in der wir diese beiden Gerechtigkeiten, die aktive und die passive, genau zu unterscheiden lehren, damit nicht Sitten und Glaube, Werke und Gnade, Staatswesen und Religion durcheinander geraten. Jede aber ist notwendig, aber jede muß innerhalb ihrer Grenzen gehalten werden.

(Aus dem *Großen Galaterkommentar*, 1535)

„Da sprach der HERR zu Mose: Mache dir eine eherne Schlange und richte sie an einer Stange hoch auf. Wer gebissen ist und sieht sie an, der soll leben. Da machte Mose eine eherne Schlange und richtete sie hoch auf. Und wenn jemanden eine Schlange biss, so sah er die eherne Schlange an und blieb leben.“ (4. Mose 21,8-9)

„Und wie Mose in der Wüste die Schlange erhöht hat, so muss der Menschensohn erhöht werden, auf dass alle, die an ihn glauben, das ewige Leben haben.“ (Johannes 3,14-15)

Erinnern wir uns an die Gedankenanstöße zur letzten Andacht. Etwa an die Frage, ob wir uns eher in der Figur des Zöllners oder des Pharisäers wiederfinden. Die Frage ist nicht ganz so provokativ, wie sie klingt. Die Pharisäer waren nicht einfach eine Karikatur. Sie waren Menschen, die ihren Glauben sehr ernst nahmen und versuchten, entsprechend zu leben. Die Gefahr, in der sie standen, war die, dass sie auf ihr oftmals vorbildliches Leben stolz sein konnten und auf die Zöllner und Sünder herabsahen. Ich glaube, wir alle können uns an verschiedenen Punkten unseres Lebens in der Figur sowohl des Zöllners als auch des Pharisäers wiederfinden. Bei der Frage, wem das Gesetz und wem das Evangelium zu predigen ist, unterscheidet Luther zwischen den Sicheren und den Angefochtenen. Die Sicheren sind Leute, die wie der Pharisäer glauben, Gott könne doch eigentlich ganz zufrieden mit ihnen sein. Sie sind verhärtet in ihrer Überzeugung, dass sie mit ihrer Leistung vor Gott bestehen können. Alle Gläubigen sind zugleich Alter und Neuer Mensch, und unser Alter Mensch ist ganz groß darin, auf unsere frommen Leistungen zu schauen und uns mit anderen zu vergleichen. Für ihn fühlt sich das Leistungsprinzip intuitiv richtig an. Hier können wir Frommen denselben Fehler machen wie der Pharisäer. Wir rühmen uns vor uns selbst für das, was wir erreicht haben. Wir blicken stolz auf unsere Fortschritte vor Gott. Das Gesetz ist dazu da, diese Verhärtung zu zerschlagen und uns wieder an den Punkt zu bringen, die Gnade zu empfangen. Mit Bettlerhänden. Dazu stürzt es uns in die Anfechtung: Wir verzweifeln an unseren Leistungen, unserer eigenen Gerechtigkeit, so wie Luther in seinen Klosteranfechtungen. Es geht nicht ohne die Gerechtigkeit eines Anderen, eines Stellvertreters. Und, wie Luther im Turmerlebnis erkannt hat, dieser Erlöser ist da. Gott schenkt selbst, was er fordert. Das Evangelium zeigt uns den gekreuzigten Christus, und wer an den glaubt, der ist gerecht. Der Blickwechsel vom Gesetz zum Evangelium ist der Blickwechsel von uns selbst weg auf Christus. Wie die Israeliten durch den Blick auf die eherne Schlange gerettet wurden, rettet uns der glaubende Blick auf Christus.

Ist der Empfang der passiven Gerechtigkeit Quietismus, also Weltabgewandtheit und Gleichgültigkeit? Nein, denn das Evangelium ist für die Angefochtenen. Wenn ich mir Sorgen mache um mein Heil, so wie der Zöllner im Gleichnis in Matthäus 18, tritt Gott mir nicht mit einer Forderung gegenüber, sondern mit dem Freispruch. Aber wenn ich die Forderung überspringe und denke, dass meine Erlösung ein Automatismus ist, dann bin ich Adressat des Gesetzes. Will ich den gnädigen Gott oder ist er mir eigentlich egal? Nicht jeder von uns neigt im selben Maße zu Anfechtungen, also zu existenziellen Glaubenszweifeln, und Luthers Theologie ist besonders eine Theologie für die Angefochtenen. Gewissenskämpfe sind nicht heilsnotwendig. Aber uns allen gelten die Fragen: Will ich den gnädigen Gott? Will ich Gott als Vater? Will und brauche ich Jesus als Erlöser? Wenn ich Ja sage, dann bin ich gerechtfertigt. Ich muss nichts mehr tun für meine Seligkeit. Aber trotzdem wird sich in meinem Leben etwas verändern. Anfangsweise und möglicherweise mir selbst verborgen. Aber real.

» Schon Luthers Predigthörer in Wittenberg hörten gern von der evangelischen Freiheit – und dann nicht weiter zu. Wenn die Erlösung ein Automatismus ist, warum sollte man sich dann für Gott oder Glaube interessieren? Aber sie ist keiner. Ich kann nicht die Gabe haben ohne den Geber.

» Das Gesetz Gottes hat die Hauptaufgabe, uns einen Spiegel vorzuhalten und uns zu Christus zu treiben (Sündenerkenntnis und Christuserkenntnis). Aber ist das seine einzige Aufgabe?

Tag 14
Von Hochzeit und Kuchen

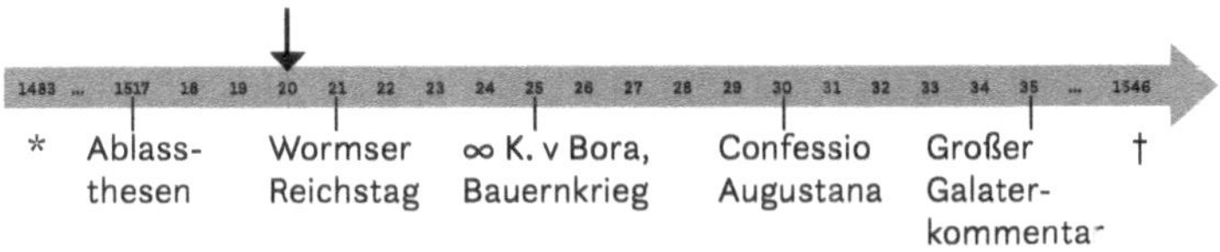

Zum zwölften: Nicht allein gibt der Glaube so viel, daß die Seele dem göttlichen Wort gleich wird, aller Gnaden voll, frei und selig, sondern vereiniget auch die Seele mit Christo wie eine Braut mit ihrem Bräutigam; aus welcher Ehe folget, wie St. Paulus sagt, daß Christus und die Seele ein Leib werden; so werden auch beider Güter, Fall, Unfall und alle Ding gemeinsam, so daß, was Christus hat, das ist eigen der gläubigen Seele; was die Seele hat, wird eigen Christi. So hat Christus alle Güter und Seligkeit: Die sind der Seele eigen; so hat die Seele alle Untugend und Sünde auf sich: Die werden Christi eigen. Hier erhebt sich nun der fröhliche Wechsel und Streit. Dieweil Christus ist Gott und Mensch, welcher noch nie gesündigt hat, und seine Frommheit unüberwindlich, ewig und allmächtig ist, so er denn der gläubigen Seele Sünde durch ihren Brautring, das ist der Glaube, sich selbst zu eigen macht und nicht anders tut, als hätte er sie getan, so müssen die Sünden in ihm verschlungen und ersäuft werden. Denn seine unüberwindliche Gerechtigkeit ist allen Sünden zu stark. Also wird die Seele von allen ihren Sünden nur durch ihren Mahlschatz, das ist des Glaubens halber, ledig und frei und begabt mit der ewigen Gerechtigkeit ihres Bräutigams Christi. Ist nun das nicht eine fröhliche Wirtschaft, da der reiche, edle, fromme Bräutigam Christus das arme, verachtete, böse Hürlein zur Ehe nimmt und sie entledigt von allem Übel, zieret mit allen Gütern? So ist's nicht möglich, dass die Sünden sie verdammen, denn sie liegen nun auf Christo und sind in ihm verschlungen.

(Aus *Von der Freiheit eines Christenmenschen*, 1520)

„„Darum wird ein Mann Vater und Mutter verlassen und an seiner Frau hängen, und die zwei werden ein Fleisch sein"" (1. Mose 2,24).

Dies Geheimnis ist groß; ich deute es aber auf Christus und die Gemeinde." (Epheser 5,31-32)

„Und der Geist und die Braut sprechen: Komm!" (Offenbarung 22,17)

Die kleine Miriam setzt sich voller Erwartung auf die Eckbank in der Küche und blickt auf ihre Mutter, die nach und nach alle Zutaten aus der Speisekammer und dem Kühlschrank auf den hölzernen Küchentisch räumt, wo schon eine große Schüssel ihres Einsatzes harrt, zusammen mit einem elektrischen Mixer und anderen geheimnisvollen Gerätschaften. „Zappel nicht so viel rum, mein Spätzchen", schmunzelt die Mutter, „und versteck mir nicht das Backpulver!" Miriam legt das Tütchen wieder auf den Tisch und deutet auf ihre Schürze, ein maßstabsgetreues Gegenstück zu der größeren, die ihre Mutter trägt. „Okay, Mama, aber du hast versprochen, dass ich dir helfen darf." Es ist das erste Mal, dass Miriam zusammen mit ihrer Mutter einen Kuchen backt, und so viel weiß die Kleine schon: Es ist doch schwieriger, als zum Bäcker an der Ecke zu gehen und einfach einen zu kaufen. Das, sagt Mama, kriegt doch jeder gebacken. Die Kunst ist es, selbst einen zu machen. Fasziniert beobachtet Miriam, wie die Mutter die Zutaten nach und nach in der Schüssel zusammenmixt: Mehl, Zucker, Milch, Butter, Eier … „Darf ich auch mal ein Ei aufschlagen?" „Vielleicht beim nächsten Mal. Aber du kannst gleich den Mixer halten. Lass ihn aber noch auf der niedrigsten Stufe." Besonders hat es Miriam der Zuckerguss angetan und immer mal wieder verirrt sich ihr Zeigefinger in den entsprechenden Messbecher. „Naschkatze." Und dann sieht sie anstelle der Zutaten nur noch eine einheitliche Teigmasse, die Mutter und Tochter zusammen in das Backblech füllen. „Komisch", denkt Miriam, während sie dem Kuchen durch die Sichtscheibe beim Backen zuschaut, „jetzt ist alles ein Kuchen. Man kann gar nicht mehr sehen, was wir alles reingetan haben."

Luther kann unsere Einheit mit Christus durch den Glauben auf verschiedene Weise ausdrücken, und tatsächlich auch damit, dass wir „ein Kuchen" mit Christus werden. Also quasi zusammengebacken. Sein Text über den fröhlichen Wechsel, *(admirabile commercium)* gebraucht ein anderes Bild, das aber in dieselbe Richtung geht: die Ehe, durch die Braut und Bräutigam eine untrennbare Einheit werden. Ein Fleisch. Der Brautring, der sie verbindet, ist der Glaube. Das alte Wort „Mahlschatz" bedeutet „Verlobungsring"; wir kennen heute noch die „Vermählung" oder die „Gemahlin".

Ist uns eigentlich klar, wie nahe uns Christus hier kommt? Wir kennen vielleicht die Bezeichnung „Bräute Christi" für katholische Nonnen, aber eigentlich ist die Ehe ein passendes Bild für die Beziehung aller Gläubigen zu Christus. Jesus Christus ist Gott. Aber er ist kein ferner, unbewegter Sternenherrscher, kein kosmischer Richter, der mit wachsendem Zorn eine Liste führt im Stil von „Nr. 4 581 447 109, 2023-24, Schmidt, Emil, -183 Punkte". Er identifiziert sich so sehr mit dir und mir, dass er mit uns eins wird. So wie das Paar in einer Ehe, wie sie sein sollte. Und er, der Bräutigam, ist so unendlich reich, dass alle Schulden, die du und ich in diesem Leben angehäuft haben oder noch anhäufen werden, absolut gegenstandslos werden. Der Tod ist verschlungen in den Sieg Christi und dasselbe gilt für unsere Sünde. Wenn der Vater uns anschaut, ist alles, was er sieht, die Gerechtigkeit Christi. Was ist (hoffentlich) der Grund für eine Ehe? Liebe. Jesus sagt nicht zähneknirschend Ja zu uns. Er nimmt uns in die Arme wie der Vater den Verlorenen Sohn in Lukas 15. Was …

» … für ein Gott!
» … für eine Gnade!
» … für eine Einladung zum Hochzeitsmahl!
» … für ein Grund zum Danken!

Tag 15
Ein Geschenk zum Einüben

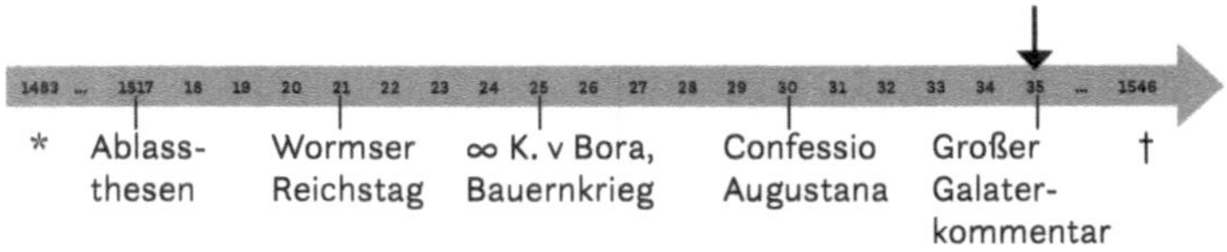

Mag ich ein Sünder nach dem Gesetz sein in der Gesetzesgerechtigkeit, so verzweifle ich darum nicht, so sterbe ich darum nicht, weil Christus lebt, der meine Gerechtigkeit und mein ewiges und himmlisches Leben ist. In jener Gerechtigkeit und in jenem Leben habe ich keine Sünde, kein Gewissen und keinen Tod. Mag ich ein Sünder sein nach dem gegenwärtigen Leben und nach seiner Gerechtigkeit, als ein Adamssohn, wo mich das Gesetz anklagt, der Tod herrscht und mich verschlingen wird, aber über dieses Leben hinaus habe ich eine andere Gerechtigkeit, ein anderes Leben, das ist Christus, der Gottes-Sohn, der nichts weiß von Sünde und Tod, sondern Gerechtigkeit und ewiges Leben ist; um seinetwillen wird auch dieser mein toter Leib auferweckt und befreit werden von der Knechtschaft des Gesetzes und der Sünde und zugleich mit dem Geiste geheiligt werden.

So bleibt beides, solange wir hier leben, das Fleisch wird angeklagt, geplagt, betrübt und gedemütigt durch die aktive Gesetzesgerechtigkeit, aber der Geist lebt, freut sich und wird gerettet durch die passive Gerechtigkeit, weil er weiß, er habe einen Herrn, der im Himmel zur Rechten des Vaters sitzt, der Gesetz, Sünde, Tod abgetan und alle Übel niedergetreten und gefangen geführt und durch sich selbst einen Triumph aus ihnen gemacht hat. Darum geht es Paulus in diesem Brief, daß er uns vollständig unterrichte, stärke und festhalte in der vollkommenen Erkenntnis dieser allerherrlichsten und christlichen Gerechtigkeit. Wenn nämlich der Artikel von der Rechtfertigung verloren ist, dann ist die ganze christliche Lehre verloren.

(Aus dem *Großen Galaterkommentar*, 1535)

„Durch ihn aber seid ihr in Christus Jesus, der für uns zur Weisheit wurde durch Gott und zur Gerechtigkeit und zur Heiligung und zur Erlösung, auf dass gilt, wie geschrieben steht (Jeremia 9,22-23): ‚Wer sich rühmt, der rühme sich des Herrn!'“ (1. Korinther 1,30-31)

Wir haben gehört, wie wir als Gläubige eins mit Christus werden. Er nimmt uns unsere Sünde und gibt uns seine Gerechtigkeit. Ist damit nicht eigentlich alles erledigt? Wieso verkündet Luther hier 11-15 Jahre später fast dieselbe Botschaft? Wieso kommt sie auch in seinem „theologischen Kompendium“ so oft zur Sprache? Weil wir die Rechtfertigung nicht ein für alle Mal erfassen. Sie muss uns zugesprochen werden. Immer und immer wieder.

Viele Christen kommen irgendwann in ihrer Teenagerzeit zum Glauben. Sie haben zu dieser Zeit eine Menge Evangelium gehört, wussten irgendwann die richtigen frommen Dinge zu sagen, haben dann Ja gesagt zu Jesus und dem Glauben. Das kann in einem bestimmten Augenblick geschehen sein oder unmerklich nach einem längeren Prozess. Sie sind zum Glauben gekommen und vor ihnen lagen Jahrzehnte des Lebens als Christ. Manche haben staunend erfahren, wie sich ihr Leben verändert hat. Wir kennen alle die großartigen Geschichten von Menschen, deren Leben eine 180-Grad-Wendung genommen hat. Vom Verfolger zum Christen. Vom Sklavenhändler zum Christen. Vom Zuhälter zum Christen. Für andere war auch die Veränderung eher unmerklich. Für die meisten Gläubigen war es einfach der Schritt vom Kind christlicher Eltern zu einem persönlichen Glauben. Daran ist nichts verkehrt. Je nach Gemeinde mag danach eine gewisse Erwartungshaltung bestanden haben. War Heiligung nicht die Leistung, die Gott von uns erwartete, nachdem er uns so viel geschenkt hatte? Viele Christen werden auch später großartige Erfahrungen mit Gott gemacht haben. Aber die Erfahrung wird doch meistens auch gewesen sein: Selbst als entschiedene, wiedergeborene Christen sind wir nicht einfach von Sieg zu Sieg geeilt. Wir konnten immer noch auf die Nase fallen. Wir haben festgestellt, dass unser alter Mensch immer noch real ist, dass wir manche hartnäckigen Sünden auch nach vielen Jahren nicht loswerden, dass wir weit davon entfernt sind, immer fröhlich und getrost zu sein. Und ich blicke auf mich selbst und frage mich: „Müsste ich nicht schon viel weiter sein? Ich habe nicht erwartet, dass ich mit achtzehn Jahren mit meinem Glauben Berge versetzen könnte, aber sollte es mit fünfzig, sechzig oder siebzig Jahren nicht wenigstens für ein paar Kieselsteine reichen?“ Und dann frage ich mich vielleicht sogar, ob ich wirklich ein richtiger Christ bin.

Vielleicht blicke ich aber auch auf mich selbst und stelle fest, dass ich sogar genug Willenskraft hatte, um die drei oder vier in meiner Gemeinde als schlimm geltenden Sünden zu vermeiden. Oder dass ich überdurchschnittlich viele Glaubenserfahrungen vorweisen kann. Zumindest mehr als (Name einsetzen) ...... Das Ergebnis ist entweder Verzweiflung oder Hochmut, aber der Fehler ist bei beidem derselbe: Ich schaue auf mich selbst, um mir der Echtheit meines Glaubens gewiss zu werden. Veränderungen und Glaubenserfahrungen sind gut. Kampf gegen die Sünde ist gut. Aber darauf steht nicht mein Glaube. Glaube ist ein Gerichtetsein auf Christus. Ich blicke auf ihn. Er ist meine Gerechtigkeit, am Anfang meines Weges mit ihm und auch noch in meiner letzten Stunde. Wir lassen die Rechtfertigung niemals hinter uns. Und auch die Heiligung ist nicht einfach *unser* Werk. Christus ist unsere Gerechtigkeit *und* unsere Heiligung.

» Wie können wir es in der Gemeinde vermeiden, eine Kultur des Vergleichens aufzubauen? Wie können wir offen sein für Glaubenserfahrungen, ohne andere ständig zu drängen, zu erzählen, „was sie denn mit Jesus erlebt haben“?

Danke, Vater im Himmel, dass du allein über die Authentizität meines Glaubens zu richten hast.

Tag 16

Eine neue Umlaufbahn

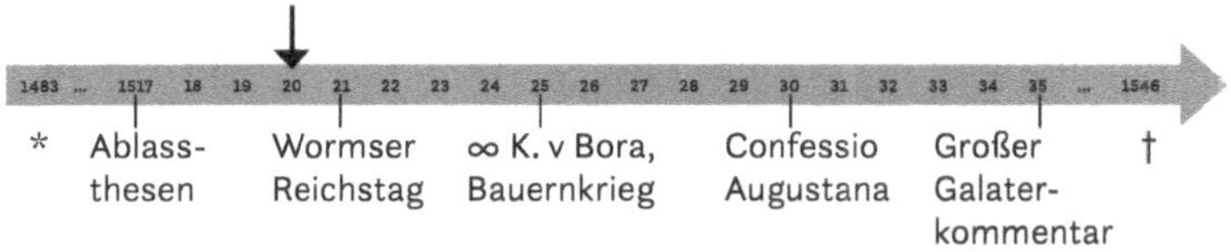

Was sollen dir deine Güter und guten Werke, die dir übrig sind, deinen Leib zu regieren und versorgen, so du genug hast am Glauben, darin dir Gott alle Dinge gegeben hat? Siehe, also müssen Gottes Güter fließen aus einem in den andern und gemein werden, daß ein jeglicher sich seines Nächsten also annehme, als wäre er's selbst. Aus Christo fließen sie in uns, der sich unser hat angenommen in seinem Leben, als wäre er das gewesen, was wir sind. Aus uns sollen sie fließen in die, so ihrer bedürfen, auch so ganz, daß ich muß auch meinen Glauben und Gerechtigkeit für meinen Nächsten setzen vor Gott, seine Sünden zudecken, sie auf mich nehmen und nicht anders tun, denn als wären sie mein eigen, eben wie Christus uns allen getan hat. Siehe, das ist die Natur der Liebe, wo sie wahrhaftig ist. Da ist sie aber wahrhaftig, wo der Glaube wahrhaftig ist. Darum gibt der heilige Apostel der Liebe zu eigen, 1. Kor. 13, daß sie nicht sucht das Ihre, sondern was des Nächsten ist.

Zum dreißigsten: Aus dem allem folget der Beschluß, daß ein Christenmensch lebt nicht in sich selbst, sondern in Christo und seinem Nächsten, in Christo durch den Glauben, im Nächsten durch die Liebe; durch den Glauben fähret er über sich in Gott, aus Gott fähret er wieder unter sich durch die Liebe, und bleibt doch immer in Gott und göttlicher Liebe, gleich wie Christus sagt, Johann. 1,51: „Ihr werdet noch sehen den Himmel offen stehen und die Engel auf- und absteigen über den Sohn des Menschen.“ Siehe, das ist die rechte, geistliche, christliche Freiheit, die das Herz frei macht von allen Sünden, Gesetzen und Geboten, welche alle andere Freiheit übertrifft wie der Himmel die Erde. Sie gebe uns Gott recht zu verstehen und zu behalten!

(Aus *Von der Freiheit eines Christenmenschen,* 1520)

„Die Liebe ist langmütig und freundlich, die Liebe eifert nicht, die Liebe treibt nicht Mutwillen, sie bläht sich nicht auf, sie verhält sich nicht ungehörig, sie sucht nicht das Ihre, sie lässt sich nicht erbittern, sie rechnet das Böse nicht zu, sie freut sich nicht über die Ungerechtigkeit, sie freut sich aber an der Wahrheit; sie erträgt alles, sie glaubt alles, sie hofft alles, sie duldet alles." (1. Korinther 13,4-7)

Aus diesem Abschluss von *Von der Freiheit eines Christenmenschen* sticht ein Satz heraus: Ein Christenmensch lebt nicht in sich selbst, sondern er lebt in Gott und er lebt im Nächsten. Wir sollen nicht auf uns selbst schauen, sondern auf Christus, der unsere Gerechtigkeit ist. Und dann weiterschauen auf unseren Nächsten. Mit Augen der Liebe. Wir fahren auf durch den Glauben zu Gott und fahren als Beschenkte wieder hinab zu unserem Nächsten, der unsere Hilfe braucht. Luthers christliche Freiheit und die passive Gerechtigkeit sollen uns freimachen für die Liebe anderen gegenüber, in aller Vorläufigkeit und Gebrochenheit. Eines unserer wesentlichen Probleme als Menschen ist das Kreisen um uns selbst. Luther nennt den natürlichen Menschen an anderer Stelle einen *homo incurvatus in se*, einen in sich selbst verkrümmten Menschen. Wir kreisen in einer stabilen Umlaufbahn um unser eigenes Ich. Ob in Stolz oder Verzweiflung, wir sehen nur uns selbst. Der Glaube gibt uns ein neues Gravitationszentrum, oder besser: zwei. Ich kreise um Christus. Er ist das neue Zentrum meiner Welt. Und er lenkt meinen Blick weiter zum Nächsten. Meine Gedanken drehen sich nun um Christus, der mir seine Gerechtigkeit und Liebe schenkt, und um meinen Nächsten, der dies ebenso braucht wie ich. Wenn ich diese Bewegung vollziehe, dann bin ich frei. Meine Selbstverkrümmung wird aufgebrochen.

Dies allerdings ist ein Zustand, zu dem ich immer wieder neu durchdringen muss. Mein alter Mensch bleibt real. Mein Ich will mich wieder in seine Umlaufbahn zurückziehen. Ich schaue wieder auf mich selbst, muss Christi Gnade immer wieder neu ergreifen. Ich bin immer wieder neu zu dem Glauben gerufen, der mich frei macht. Aber ist der Glaube dann so eine Art Drehtür, bei der ich mal drin und mal draußen bin? Nein. Wir erleben den Glauben nur in einzelnen Augenblicken, aber von Gott her ist er ein dauerhafter Zustand. Weil Gott uns hält.

Wichtig ist an dieser Stelle, ein Missverständnis zu vermeiden. Das Leben in Gott und dem Nächsten ist nicht Selbstverneinung. Wir sollen unseren Nächsten lieben *wie uns selbst*. Es gibt zu viele fromme Christen, die sich für andere kaputtarbeiten, weil sie denken, sie dürften auf sich selbst keine Rücksicht nehmen. Die sich vielleicht auch wertlos fühlen. Aber sie sind es nicht. Für sie gilt: Gott liebt dich. Wie kannst du einen Menschen, den Gott liebt, so schlecht behandeln?

Wie können wir die Kultur des Vergleichens in unseren Gemeinden durchbrechen? Luthers Sätze hier erinnern mich an die Begegnung Jesu mit der Ehebrecherin in Johannes 8. Die Umstehenden sind voller Wut und Abscheu. Nur Jesus begegnet ihr mit Liebe und Vergebung. Er ermutigt nicht die Sünde, aber er richtet auch nicht die Sünderin. Wie kann ich jemanden verachten, der sündigt, wenn ich doch selbst von Jesu Vergebung lebe? Sollte mich der Anblick dessen, der in Sünde fällt, nicht mit Mitleid erfüllen – und Liebe?

» Wie könnte es praktisch aussehen, die Sünden meines Nächsten zuzudecken? Und wie weit ist Tratschen und Klatschen wohl davon entfernt …?

» Vielleicht könnte ich mich gelegentlich vor einen Spiegel stellen und sagen: „So sieht ein Mensch aus, den Christus lieb hat.“ Wie sollte so ein Mensch mit sich selbst umgehen? Und mit anderen?

Tag 17

Vor Kaiser und Reich

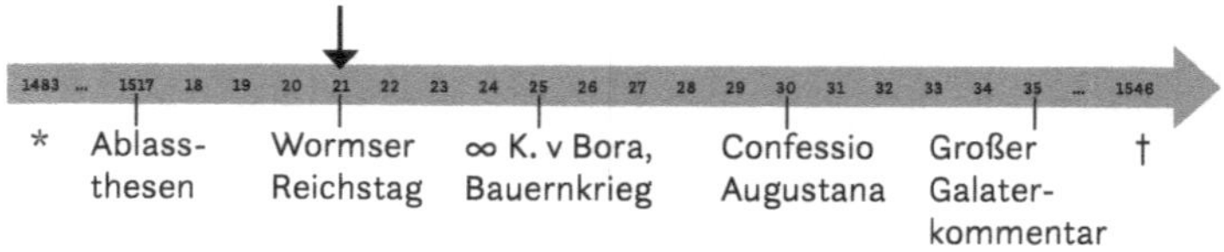

Da er solches geredet, fing der kaiserliche Orator an, als wäre er zornig erregt, und sagte, er hätte nicht zur Sache geantwortet. Auch sollte, was etwa zuvor in Concilien definiert, beschlossen und verdammt worden wäre, nicht in Zweifel gestellt noch davon disputiert werden. Darum würde von ihm nur verlangt, daß er sollte eine einfältige, runde und richtige Antwort darauf geben, ob er revozieren und widerrufen wollte oder nicht.

Darauf sagte Dr. Luther: „Weil denn Ew. Kaiserl. Majestät, Kur- und Fürstliche Gnaden eine schlichte, einfältige, richtige Antwort begehren, so will ich die geben, so weder Hörner oder Zähne haben soll, nämlich also: Es sei denn, daß ich mit Zeugnissen der heiligen Schrift oder mit öffentlichen, klaren und hellen Gründen und Ursachen überwunden und überwiesen werde – denn ich glaube weder dem Papst noch den Concilien alleine nicht, weil es am Tage und offenbar ist, daß sie oft geirrt haben und sich selbst widerwärtig gewesen sind – und ich also mit den Sprüchen, die von mir angezogen und eingeführt sind, überzeugt, und mein Gewissen in Gottes Wort gefangen sei, so kann und will ich nichts widerrufen, weil weder sicher noch geraten ist, etwas wider das Gewissen zu tun. ***Hier stehe ich, ich kann nicht anders. Gott helfe mir! Amen.*** *“*

(Aus Doktor Martinus Rede an Römische Kaiserliche Majestät, die Kurfürsten, Fürsten und Stände des Reichs, 1521)

„Und sie brachten sie und stellten sie vor den Hohen Rat. Und der Hohepriester fragte sie und sprach: Haben wir euch nicht streng geboten, in diesem Namen nicht zu lehren? Und seht, ihr habt Jerusalem erfüllt mit eurer Lehre und wollt das Blut dieses Menschen über uns bringen. Petrus aber und die Apostel antworteten und sprachen: Man muss Gott mehr gehorchen als den Menschen.“ (Apostelgeschichte 5,27-29)

„Darin übe ich mich, allezeit ein unverletztes Gewissen zu haben vor Gott und den Menschen.“ (Apostelgeschichte 24,16)

Nach der Exkommunikation, also dem Kirchenausschluss durch den Papst, geschah mit Luther etwas für unsere heutige Zeit Unerhörtes: Der Kaiser verhängte die Reichsacht über ihn, erklärte ihn also zu einem Verbrecher. Jeder durfte ihn ungestraft töten und er musste zumindest damit rechnen, verhaftet zu werden. Religion war damals in Europa keine Privatsache. Man konnte sich keinen Staat vorstellen, in dem nicht jeder denselben Glauben hatte, und wer davon abwich, galt der Gesellschaft so viel wie ein Räuber und Mörder. Freilich, es gab damals in Deutschland auch viel Kritik an der römischen Kirche. Luthers Kurfürst unterstützte ihn, ebenso wie viele Humanisten und Reichsritter. Viele junge Theologen schlossen sich der neuen Lehre an. Dann kam der Reichstag zu Worms 1521. Karl V., der neue Kaiser, kam zum ersten Mal nach Deutschland, um sich mit den dortigen Fürsten und Ständen zu treffen. Luther erhielt des Kaisers Einladung, persönlich vor ihm zu erscheinen. Mit freiem Geleit. Das war mit Vorsicht zu genießen. Der Vorreformator Jan Hus war mit einem ähnlichen kaiserlichen Versprechen der Unversehrtheit zum Konzil nach Konstanz gereist, dort aber trotzdem verbrannt worden. Doktor Martinus musste mit einem ähnlichen Verrat rechnen, aber er hoffte, auf dem Reichstag vor dem Kaiser und den Fürsten seine reformatorische Theologie erklären zu können. Er ging nach Worms. Die Vertreter der römischen Kirche in des Kaisers Umfeld wollten nur Luthers Widerruf hören. Und Karl selbst? Der verstand nicht einmal Deutsch. Er war in Burgund aufgewachsen, seine Muttersprache war Französisch. Als König von Spanien hatte er die Landessprache gelernt, aber das Deutsche ... Er hat später sinngemäß gesagt: „Ich rede Spanisch mit den Männern, Französisch mit den Frauen und Deutsch mit meinem Pferd." Luther bekam nicht die Gelegenheit zu einer Diskussion über theologische Fragen. Er sollte widerrufen oder es lassen. Nach einer Bedenkzeit trat er mit diesen Worten vor den Kaiser. Karl ließ ihn danach in Frieden abreisen. Aber in seinem Wormser Edikt verpflichtete er sich, all seine Macht dazu einzusetzen, die neue Lehre zu unterdrücken und Luther unschädlich zu machen. Der Kaiser hatte die Seite der alten Kirche gewählt. Dabei blieb er. Luther hatte im Heiligen Römischen Reich für den Rest seines Lebens den Status eines Gesetzlosen.

Sören Kierkegaard, der große christliche Philosoph im Dänemark des 19. Jahrhunderts, hat sich oft gefragt, wie denn die Christen noch Wahrheitszeugen sein können, wenn sie so sehr zum gesellschaftlichen Establishment gehören. Konnte man noch authentisch Christ sein in einem Land, in dem die Pfarrer Staatsbeamte waren und die Zugehörigkeit zur evangelisch-lutherischen Konfession eine bürgerliche Selbstverständlichkeit? Luthers Situation hier ist ganz anders. Er bezeugt die Wahrheit vor der politischen und geistlichen Obrigkeit. Wir stehen irgendwo dazwischen. Die Gesellschaft erwartet den evangelischen Glauben nicht mehr von uns wie bei Kierkegaard. Sie steht ihm auch nicht mehr entgegen wie bei Luther. Darin liegt eine Chance: Unser Gewissen ist tatsächlich frei, unsere eigene Entscheidung zu treffen. Glaube ich, persönlich, an Christus, den Gekreuzigten und Auferstandenen? Ist mein Glaube meine persönliche Überzeugung und nicht nur ein Haufen von Aussagen, die ich als unreflektierte Tradition übernommen habe?

» Wie wichtig ist mir mein gesellschaftlicher Status? Welchen Stellenwert hat mein Glaube für mich neben meinem Ruf, meiner Karriere, meinem Einkommen?

» Wie wichtig muss für Luther die Gewissensfreiheit gewesen sein, dass er bereit war, sich dafür mit dem Rest der Welt anzulegen?

Tag 18

Junker Jörg greift ein

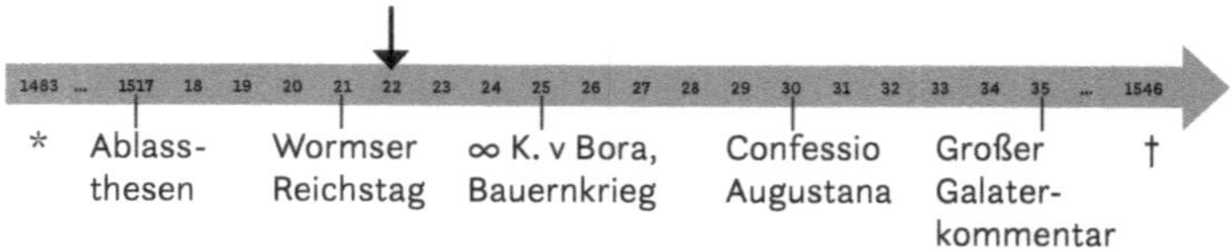

Darum erfordert es die Liebe, daß du Mitleiden hast mit dem Schwachen. Also haben alle Apostel getan: Paulus, da er einstmals gegen Athen kam, Apg. 17,16 f., in eine mächtige Stadt, da fand er im Tempel gebaute alte Altäre. Da ging er von einem zu dem andern und besah sie alle, aber er rührt keinen mit keinem Fuß an, sondern trat mitten auf den Platz und sagte, daß es eitel abgötterisch Ding wären, bat sie, sie sollten davon sein, riß auch der keinen mit Gewalt ab. Da das Wort ihre Herzen fasset, da fielen sie selber ab, darnach zerfiel das Ding von sich selber. Also wenn ich hätte gesehen, daß sie hätten Messe gehalten, so hätte ich wollen predigen und sie vermahnen. Hätten sie sich daran gekehrt, so hätt ich sie gewonnen, wo aber nicht, so hätt ich sie dennoch nicht mit den Haaren und Gewalt davon gerissen, sondern das Wort lassen handeln und für sie gebeten, denn das Wort hat Himmel und Erd geschaffen und alle Ding, das muß es tun und nicht wir armen Sünder. Summa summarum: predigen will ichs, sagen will ichs, schreiben will ichs. Aber zwingen, dringen mit der Gewalt will ich niemand, denn der Glaube will willig, ungenötigt angezogen werden. Nehmt ein Exempel von mir. Ich bin dem Ablaß und allen Papisten entgegen gewesen, aber mit keiner Gewalt, ich hab allein Gottes Wort getrieben, gepredigет und geschrieben, sonst hab ich nichts getan. Das hat, wenn ich geschlafen hab, wenn ich wittenbergisch Bier mit meinem Philippo und Amsdorff getrunken hab, also viel getan, daß das Papsttum also schwach worden ist, daß ihm noch nie kein Fürst noch Kaiser so viel abgebrochen hat. Ich hab nichts getan, das Wort hat es alles gehandelt und ausgericht. Wenn ich hätt wollen mit Ungemach fahren, ich wollt das deutsche Land in ein

groß Blutvergießen gebracht haben, ja ich wollt wohl zu Worms ein Spiel angericht haben, daß der Kaiser nicht sicher wär gewesen. Aber was wäre es? Ein Narrenspiel wär es gewesen.

(Aus *Acht Sermone D.M. Luthers, von ihm gepredigt zu Wittenberg in den Fasten*, 1522)

„Er wird nicht streiten noch schreien, und man wird seine Stimme nicht hören auf den Gassen; das geknickte Rohr wird er nicht zerbrechen, und den glimmenden Docht wird er nicht auslöschen, bis er das Recht zum Sieg führt." (Matthäus 12,19-20)

Der Kaiser hatte Luther ungehindert aus Worms abreisen lassen, aber zu Hause in Wittenberg kam er trotzdem nicht an. Doktor Martinus sah sich auf dem Weg einer Gruppe von bewaffneten Reitern gegenüber, wurde kurzerhand gekidnappt und auf die Wartburg bei Eisenach gebracht. Er mag zunächst geglaubt haben, sein letztes Stündlein habe geschlagen, aber tatsächlich waren es die Leute seines eigenen Kurfürsten, Friedrichs des Weisen, die ihn zu seinem eigenen Schutz für eine ganze Weile aus dem Verkehr zogen. Wenn niemand wusste, wo Luther war, konnte ihm fürs Erste weder die geistliche noch die weltliche Obrigkeit gefährlich werden. Und Friedrich konnte sich gegenüber dem Kaiser damit herausreden, selbst nicht zu wissen, wo der Ketzer stecke. Von seiner Wirkungsstätte in Wittenberg war Doktor Martinus damit freilich abgeschnitten und fristete seine Tage inkognito auf der Burg, getarnt als Adeliger namens Junker Jörg. Die Verkleidung war ziemlich gut; es gibt ein Bildnis Luthers als bärtiger Junker, auf dem man ihn kaum wiedererkennt. Auf die theologische Arbeit mochte er dennoch nicht verzichten und es gelang ihm während des Wartburgaufenthalts, das ganze Neue Testament vom Griechischen ins Deutsche zu übersetzen. Den Rest der Bibel würde er nach seiner Rückkehr übersetzen, diesmal mit einem Kreis von Helfern – und über zehn Jahre dafür brauchen.

Ohne Doktor Martinus war die Reformation in Wittenberg führerlos und es mehrten sich die Stimmen, die radikaleren Reformen das Wort redeten, ihnen voran Luthers Kollege Andreas Karlstadt. Wer in der Stadt noch katholisch dachte, sollte auf Kurs gebracht werden, auch mit Gewalt. Man wollte die Messe verbieten und es kam zu Bilderstürmen in den Kirchen, weil viele Evangelische in den Heiligenbildern einen Verstoß gegen das zweite Gebot sahen. Philipp Melanchthon, Luthers engster und mit Abstand qualifiziertester Mitarbeiter, war zu schwach und friedliebend, um die Radikalisierung aufzuhalten. Der Kurfürst war unsicher, wie er auf die Gewalt reagieren sollte. War dies das Ergebnis der neuen Lehre, die er bisher unterstützt hatte?

Für Luther war das Maß damit voll. Wenn es eine Sache gab, die er bis zum Ende seines Lebens bekämpfen würde, dann war es jede Form von Aufruhr. Er kehrte nach Hause zurück und entfaltete seinen Wittenbergern in den sogenannten *Invokavit-Predigten* sein Verständnis der Reformation. Aus der zweiten stammt unser Text. Luther trat ein für eine behutsame, geordnete Reformation, die dem Gewissen des Einzelnen mehr Zeit gab, um sich an Veränderungen zu gewöhnen. Der neue Glaube sollte nicht mit Zwang eingeführt werden. Das Wort Gottes selbst werde die nötigen Veränderungen bewirken. Die Wittenberger schlossen sich Luthers Vorstellungen an. Die vorschnellen Änderungen wurden rückgängig gemacht und Karlstadt wanderte in die Schweiz aus. Doktor Martinus' Rücksicht auf die Gewissen und der Verzicht auf Zwang gehören zu den anziehendsten Zügen der Wittenberger Reformation. So modern klingt Luther leider nicht immer, wie die nächste Andacht zeigen wird …

» Lassen wir als Eltern unseren Kindern genug Raum, ohne Zwang und Druck zu einer Glaubensentscheidung zu kommen?

» Kann ich noch abschalten, meine freie Zeit genießen (mit wittenbergisch Bier oder ohne) und Gott handeln lassen?

Tag 19

Wackelnde Denkmäler

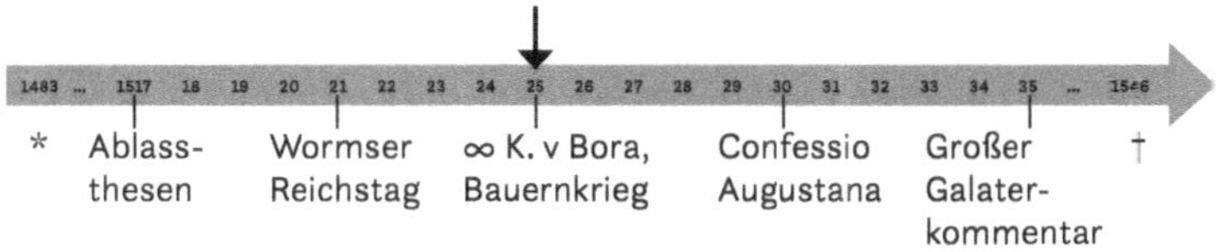

Solch wunderliche Zeiten sind jetzt, daß ein Fürst den Himmel mit Blutvergießen verdienen kann, besser denn andere mit Beten.

Am Ende ist noch eine Sache, die billig soll die Obrigkeit bewegen. Denn die Bauern lassen sichs nicht genügen, daß sie des Teufels sind; sondern zwingen und dringen viel fromme Leute, die es ungerne tun, zu ihrem teuflischen Bunde und machen dieselbigen also teilhaftig aller ihrer Bosheit und Verdammnis. Denn wer mit ihnen bewilliget, der fährt auch mit ihnen zum Teufel, und ist schuldig aller Übeltat, die sie begehen, und müssens doch tun, weil sie so schwachen Glaubens sind, daß sie nicht widerstehen. Denn hundert Tode sollt ein frommer Christ leiden, ehe er ein Haarbreit in der Bauern Sache bewilligte.

Drum, liebe Herren, löset hie, rettet hie, helft hie, erbarmet euch der armen Leute, steche, schlage, würge hie, wer da kann. Bleibst du darüber tot, wohl dir, seliglicheren Tod kannst du nimmermehr überkommen. Denn du stirbst im Gehorsam göttlichen Wortes und Befehls, Röm. 13,4, und im Dienst der Liebe, deinen Nächsten zu erretten aus der Hölle und Teufelsbanden.

So bitte ich nun, fliehe von den Bauern, wer da kann, als vom Teufel selbst. Die aber nicht fliehen, bitte ich, Gott wolle sie erleuchten und bekehren. Welche aber nicht zu bekehren sind, da gebe Gott, daß sie kein Glück noch Gelingen haben müssen. Hie spreche ein jeglicher frommer Christ: Amen. […] Dünkt das jemand zu hart, der denke, daß unerträglich ist Aufruhr und alle Stunde der Welt Zerstörung zu erwarten sei.

(Aus *Wider die räuberischen und mörderischen Rotten der Bauern*, 1525)

„Denn ich weiß, dass in mir, das heißt in meinem Fleisch, nichts Gutes wohnt. Wollen habe ich wohl, aber das Gute vollbringen kann ich nicht. Denn das Gute, das ich will, das tue ich nicht; sondern das Böse, das ich nicht will, das tue ich." (Römer 7,18-19)

Der Bauernkrieg war eine Folge zunehmender wirtschaftlicher Nöte der Bauern, die im Übergang vom Spätmittelalter zur Neuzeit bisherige Privilegien an den Adel verloren, der sich seinerseits durch die Entwicklung der fürstlichen Territorialstaaten bedroht sah. Die adeligen Grundherren brauchten Geld, ebenso die fürstlichen Beamten. Die Bauern sollten zahlen, konnten es aber immer weniger. Schließlich kam es zum Aufstand. Die Forderungen der Bauern, die uns in den „12 Artikeln der Bauernschaft zu Schwaben" überliefert sind, waren maßvoll und aus heutiger Sicht berechtigt. Luther hatte zunächst versucht, zwischen den Bauern und der Obrigkeit zu vermitteln, nach größeren Erfolgen der Bauern stellte er sich aber auf die Seite der Fürsten. Für ihn war problematisch, dass die Bauern ihre Forderungen aus dem Evangelium ableiteten. Sie hatten als politische Freiheit missverstanden, was Luther allein als religiöse Gewissensfreiheit gemeint hatte. Luthers harte Schrift gegen die Bauern kam außerdem tragischerweise zu spät. Als die Fürsten sie lasen, hatten sie gerade die Entscheidungsschlacht gewonnen und fühlten sich nun berechtigt, blutige Rache an den Aufständischen zu üben. Luther hatte die Bauern nicht wirklich verraten, aber in seiner Ablehnung des Aufruhrs ist er sich immer treu geblieben. Er hielt eine obrigkeitlich geordnete Gesellschaft für die Grundlage der Verkündigung des Evangeliums und der Gedanke an Aufstände und Umsturz löste bei ihm apokalyptische Ängste aus.

Dennoch, es ist schwer, solche Luthertexte heute zu lesen, und seine Aussagen zu den Juden sind noch weniger zu entschuldigen. Es gibt Aussagen von ihm, die wir uns nicht zu eigen machen können. Das gilt etwa auch für seine Neigung, seine Gegner zu verteufeln, wie wir es auch in diesem Text beobachten. Bei aller Behutsamkeit gegen die Gewissen bekämpfte er gerade seine theologischen Gegner mit harten Bandagen und sprach ihnen schnell den Glauben ab. Mit welchem Recht? Melanchthon war hier viel zurückhaltender.

Wir sollten uns hüten, unsere Glaubens- und sonstigen Helden auf einen hohen Sockel zu stellen. Jede historische Persönlichkeit ist aus ihrer Zeit zu verstehen und für die Reformatoren war unser heutiger Toleranzbegriff schlicht noch nicht denkbar, ebenso wenig wie demokratische Werte. Auf der anderen Seite darf uns dies nicht davon abhalten, dort etwas von ihnen zu lernen, wo sie auch uns etwas zu sagen haben. Gott gebraucht fehlbare Menschen, denn andere gibt es nicht. Das Lebenswerk eines Menschen, Christ oder nicht, wird nicht wertlos, wenn wir aus heutiger Sicht irgendwelche dunklen Flecken auf seiner weißen Weste finden. Winston Churchill mag rassistische Elemente in seinem Denken gehabt haben, aber er war wahrscheinlich der bedeutendste Politiker des 20. Jahrhunderts. George Washington war ein Sklavenhalter, aber das streicht seine Leistungen bei der Gründung der Vereinigten Staaten nicht durch. Martin Luthers Aussagen zu den Bauern und Juden zeigen seine schlechteste, fehlbarste Seite. Aber dennoch hat Gott es ihm geschenkt, das Evangelium wiederzuentdecken, seine Gnade großzumachen wie nur wenige Theologen der Geschichte und ein Tröster der Angefochtenen zu werden.

» Glaubensvorbilder haben nicht automatisch recht, wenn sie nur den Mund aufmachen oder zur Feder greifen. Aber wir können dankbar dafür sein, dass sie es getan haben. Prüfet alles und das Gute behaltet.

» Seien wir vorsichtig damit, christliche Leiter auf einen Sockel zu stellen. Damit überfordern wir sie. Es ist nicht richtig, einen Menschen in den Himmel zu heben. Und es ist auch nicht richtig, uns von ihm abzuwenden, sobald er uns „enttäuscht" hat.

Tag 20

Was für ein Schöpfer!

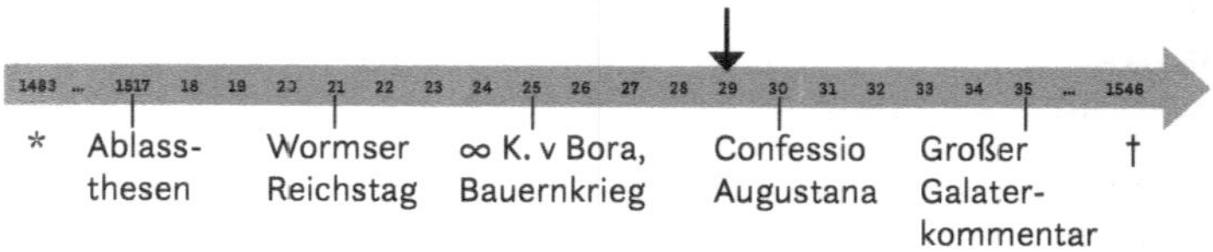

Der Glaube,
wie ein Hausvater denselbigen seinem Gesinde
aufs einfältigste vorhalten soll
Der erste Artikel, von der Schöpfung
Ich glaube an Gott, den Vater allmächtigen,
Schöpfer Himmels und der Erden.
Was ist das? Antwort.

Ich glaube, daß mich Gott geschaffen hat samt allen Kreaturen, mir Leib und Seel, Augen, Ohren und alle Glieder, Vernunft und alle Sinne gegeben hat und noch erhält; dazu Kleider und Schuh, Essen und Trinken, Haus und Hof, Weib und Kind, Acker, Vieh und alle Güter, mit aller Notdurft und Nahrung des Leibes und Lebens reichlich und täglich versorget; wider alle Fährlichkeit beschirmet und vor allem Übel behütet und bewahret; und das alles aus lauter väterlicher, göttlicher Güte und Barmherzigkeit, ohn all mein Verdienst und Würdigkeit; des alles ich ihm zu danken und zu loben und dafür zu dienen und gehorsam zu sein schuldig bin. Das ist gewißlich wahr.

(Aus dem *Kleinen Katechismus*, 1529)

„Denn er lässt seine Sonne aufgehen über Böse und Gute und lässt regnen über Gerechte und Ungerechte." (Matthäus 5,45)

„Es wartet alles auf dich, dass du ihnen Speise gebest zu seiner Zeit. Wenn du ihnen gibst, so sammeln sie; wenn du deine Hand

auftust, so werden sie mit Gutem gesättigt. Verbirgst du dein Angesicht, so erschrecken sie; nimmst du weg ihren Odem, so vergehen sie und werden wieder Staub. Du sendest aus deinen Odem, so werden sie geschaffen, und du machst neu das Antlitz der Erde." (Psalm 104,27-30)

In einem Dorf im Schwäbischen lebte einst ein alter und frommer Uhrmacher. Eines Tages besuchte ihn sein Enkel und schaute ihm fasziniert bei seiner Arbeit an einer neuen Taschenuhr zu. „Großvater, wie machst du das bloß, so eine schöne Uhr zu bauen?" „Das habe ich dem Herrgott zu danken, der mir die schönen Materialien dafür gegeben hat." „Aber Großvater, das Gold haben doch die Bergarbeiter aus der Mine geholt." „Stimmt, mein Junge, und jeden Abend haben sie Gott dafür gedankt." Der Enkel blieb eine Weile still, während der Großvater vorsichtig ein winziges Zahnrad an der richtigen Stelle einpasste. Dann begann er, einige Schräubchen festzudrehen, die so klein waren, dass der Junge die Augen zusammenkneifen musste. „Aber du musst doch stolz darauf sein, dass du so ein Kunstwerk schaffen kannst", sagte er. Der Uhrmacher lächelte. „Bin ich auch. Und ich danke Gott, dass er mir zu meinem Beruf so gute Augen gegeben hat. Und dass er den Optiker Lehmann so gute Lupen schleifen lässt, wo ich trotzdem eine Hilfe brauche." „Aber Großvater, das war doch reiner Zufall, dass gerade du so gut sehen kannst." „Tja, sonst hätte ich vielleicht ein anderes Handwerk gelernt. Jedem von uns fällt etwas zu von Gott, dem einen dies, dem anderen das. Ohne Begabungen lässt er niemand, aber es ist alles ein Geschenk." „Ach Opa, ich weiß nicht. Du redest immer von Gott, aber ich sehe doch, dass die Menschen für alles arbeiten müssen. Wenn ich nächstes Jahr an die Universität gehe, dann möchte ich lernen, wie die Welt zusammenhängt. Aber ich glaube nicht, dass wir heute noch Gott brauchen, um alles zu erklären."

Der Großvater dachte einen Augenblick nach, dann sprach er: „Weißt du, es kommt nicht darauf an, was du ohne Gott erklären kannst oder auch nicht. Es kommt darauf an, ob er da ist oder nicht. Ich bin seit vierzig Jahren Uhrmacher. Wenn ich eine Uhr fertig habe, dann nimmt der Kunde sie mit und meistens sehe ich beide nie wieder. Und weil ich gute Uhren mache, bin ich sicher, dass sie auch ohne mich für die nächsten Jahrzehnte weiterticken. Vorausgesetzt, der Besitzer zieht sie regelmäßig auf. Und vielleicht hat er dann irgendwann einen Enkel, der sich fragt, wo die Uhr herkommt. Aber so ist es mit Gott nicht. Er hat die Welt gemacht, aber dann ist er nicht weggegangen. Er hält sie und uns alle in seiner Hand, in jedem Augenblick. Er hat den Menschen mit der Heiligen Schrift sogar einen Liebesbrief geschrieben. Er ist da. Und wenn du bei allem Erklären einen offenen Verstand bewahrst und ein offenes Herz, dann könntest du ihm begegnen ..."

Dass Gott Gott ist, bedeutet für Luther, dass er der Schöpfer ist, und als solcher begegnet er uns in schenkender Liebe (Paul Althaus). Gott gibt uns alles, was wir zum Leben brauchen – und er gibt sich selbst. Er ist meilenweit entfernt von einem Uhrmachergott, der das Universum konstruiert und dann alleingelassen hat. Es geht nicht nur um die Frage, ob wir in der Schöpfung Spuren Gottes erkennen. Gott kommt uns viel näher, wird persönlich. Wenn Luther von Gott als dem Schöpfer spricht, geht es um mich und dich. Gott hat die Welt geschaffen – aber Luther setzt stattdessen gleich damit ein, dass Gott „mich" geschaffen hat. Ich verdanke mich ihm, mit Leib und Verstand. Ich bin hier in der Welt durch ihn, und ich bleibe auch nur durch ihn. Der Schöpfer ist der Erhalter. All die Dinge, die ich zum Leben brauche, stammen von ihm, von Essen und Kleidung bis zu den Menschen, die mir wichtig sind. Luther wusste sehr wohl, woher die Lebensmittel kommen und wie die Menschen geboren werden. Aber er spricht Gott unmittelbar als den Urheber von allem an, dessen wir bedürfen. Das dürfen wir auch. Egal wie weit wir in unseren Erklärungsversuchen für Welt und Natur kommen, es wird niemals weise sein, Gott nicht mehr für unser tägliches Brot zu danken.

» Wenn Gott nicht nur „der“ Schöpfer ist, sondern „mein“ Schöpfer, dann bedeutet das für mich: Da ist jemand, der mich von Anfang an gewollt hat.

» Wie bringe ich den Umstand, dass Gott mich „vor allem Übel behütet und bewahret“, damit zusammen, dass er auch im Leben der Gläubigen Leid zulässt?

Tag 21
Christus für dich

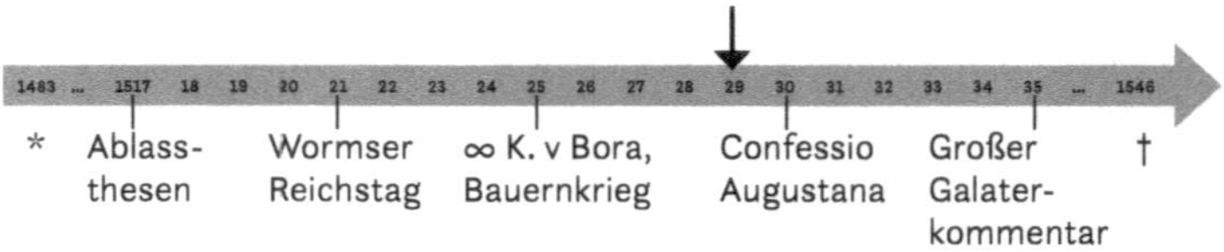

Der andere Artikel, von der Erlösung

Und an Jesum Christum, seinen einigen Sohn, unsern Herrn, der empfangen ist vom heiligen Geist, geboren von der Jungfrau Maria, gelitten unter Pontio Pilato, gekreuziget, gestorben und begraben, niedergefahren zur Höllen, am dritten Tage auferstanden von den Toten, aufgefahren gen Himmel, sitzend zur Rechten Gottes, des allmächtigen Vaters, von dannen er kommen wird, zu richten die Lebendigen und die Toten.

Was ist das? Antwort.

Ich glaube, daß Jesus Christus, wahrhaftiger Gott, vom Vater in Ewigkeit geboren und auch wahrhaftiger Mensch, von der Jungfrau Maria geboren, sei mein Herr, der mich verlornen und verdammten Menschen erlöset hat, erworben, gewonnen von allen Sünden, vom Tode und von der Gewalt des Teufels, nicht mit Gold oder Silber, sondern mit seinem heiligen, teuren Blut und mit seinem unschuldigen Leiden und Sterben; auf daß ich sein eigen sei und in seinem Reiche unter ihm lebe und ihm diene in ewiger Gerechtigkeit, Unschuld und Seligkeit, gleichwie er ist auferstanden vom Tode, lebet und regiert in Ewigkeit. Das ist gewißlich wahr.

(Aus dem *Kleinen Katechismus*, 1529)

„Denn also hat Gott die Welt geliebt, dass er seinen eingeborenen Sohn gab, auf dass alle, die an ihn glauben, nicht verloren werden, sondern das ewige Leben haben." (Johannes 3,16)

„Wer an ihn glaubt, der wird nicht gerichtet; wer aber nicht glaubt, der ist schon gerichtet, denn er hat nicht geglaubt an den Namen des eingeborenen Sohnes Gottes." (Johannes 3,18)

Als Luther 1529 seinen Kleinen Katechismus schrieb, hatte sich das Angesicht der Kirche in Deutschland schon gründlich geändert. Wo es evangelische Obrigkeiten gab, wie in Kursachsen, Hessen, später auch Württemberg und etlichen großen Reichsstädten, war die Reformation eingeführt worden und evangelische Gemeinden hatten die altgläubigen ersetzt. Wer sich dem neuen Glauben nicht anschließen wollte, musste in ein katholisches Gebiet ziehen. Katholische Kirchen wurden zu evangelischen und viele junge Theologen zogen nach Wittenberg, um unter Luther und Melanchthon die reformatorische Theologie zu studieren. Vielerorts ging nun allerdings das geistliche Leben zurück. Die Fürsten und Räte der Reichsstädte hoben gern die Orden und Klöster auf, um deren Besitz einziehen zu können, und in etlichen Gemeinden fühlte sich plötzlich niemand mehr dafür verantwortlich, für eine angemessene Bezahlung der Prediger zu sorgen. Die reiche katholische Frömmigkeit mit ihren vielen Heiligenfesten, Prozessionen und Bruderschaften war dahin, aber wie konnte eine evangelische Frömmigkeit aussehen? Von der Gewissensfreiheit hörten die Leute gern, aber was hatte Gemeinde und Kirche jetzt noch mit ihrem Leben zu tun? Es war ja schön, der Angst vor dem Gericht Gottes entnommen zu sein, aber gab es jetzt überhaupt noch einen Grund, gute Werke zu tun? Und konnte man nicht einfach für sich allein glauben? Noch in unseren Tagen habe ich sinngemäß die Aussage gehört, der Unterschied zwischen Katholiken und Protestanten bestehe darin, dass die Katholiken zur Kirche gehen müssten, aber die Protestanten nicht. Das „Alleinstellungsmerkmal" des evangelischen Glaubens bestehe also darin, dass er nicht praktiziert werden müsse. Luther sah das natürlich nicht so, und nachdem die Visitation von 1527 in Kursachsen, eine wirtschaftliche und geistliche Bestandsaufnahme der evangelischen Gemeinden, viele Missstände offenbar gemacht hatte, schrieb Luther seine Katechismen, um der Frömmigkeit in den evangelischen Familien und Gemeinden eine reformatorische Grundlage zu geben. Gerade der Kleine Katechismus war in den folgenden Jahrhunderten ein unentbehrliches Handbüchlein für den Konfirmandenunterricht und die persönliche Frömmigkeit. In seiner Erklärung des Glaubensbekenntnisses hat Doktor Martinus unvergessliche Formulierungen dazu gefunden, was den evangelischen Glauben ausmacht.

Im zweiten Artikel, von der Erlösung, geht es um Christus, und ebenso wie im ersten Artikel geht es für Luther hier ganz primär um „mich", um meine Sünde, meinen Herrn, meine Erlösung. Christi Person und Werk, von der Inkarnation über Kreuzigung, Auferstehung, Himmelfahrt und Wiederkunft werden gemäß den altkirchlichen Bekenntnissen geschildert, aber immer mit dem Bezug auf den Einzelnen. Das hier ist „mein" Glaube, Christi Werk ist für „mich" geschehen. In der Mitte dieses Glaubens steht Christus, für meine Sünde gekreuzigt, in dem Gott mir die Hand zur Versöhnung reicht. Damit beginnt für mich ein neues Leben, in dem ich „unter ihm lebe und ihm diene". Ich ergreife seine Hand, indem ich glaube, also Christi Werk als für mich geschehen annehme. Die alten Dogmatiker nannten den Glauben auch das Nehmemittel. Glauben heißt, gerichtet sein auf Christus, heißt, seine geschenkte Gerechtigkeit annehmen. Mehr nicht. Der Glaube ist kein Gefühl, das ich in mir hervorbringen muss. Er hängt nicht daran, dass ich mich geborgen oder getröstet fühle. Das ist Heilsgewissheit und Heilsgewissheit ist nicht notwendig zur Seligkeit. Glaube ist ein Willensakt: Ich sage Ja zu Christus, ergreife seine Hand, nehme das Geschenk an. Dieser Glaube ist der Brautring, der den Edelstein, Christus umfasst.

» Es ist nicht wichtig, ob ich einen „starken Glauben" habe. Es geht nicht darum, ob ich glauben „kann", sondern ob ich glauben will. Pastor Heinrich Kemner hat es so formuliert: „Bekehrungen geschehen im Willen, nicht im Gefühl. Wenn der Mensch will, will Gott auch.“

» Dieser Satz könnte missverstanden werden. Mein Wille kann Gott ja nicht vorschreiben, was er zu wollen hat. Wie ist es also gemeint?

Tag 22
Die Schule des Glaubens

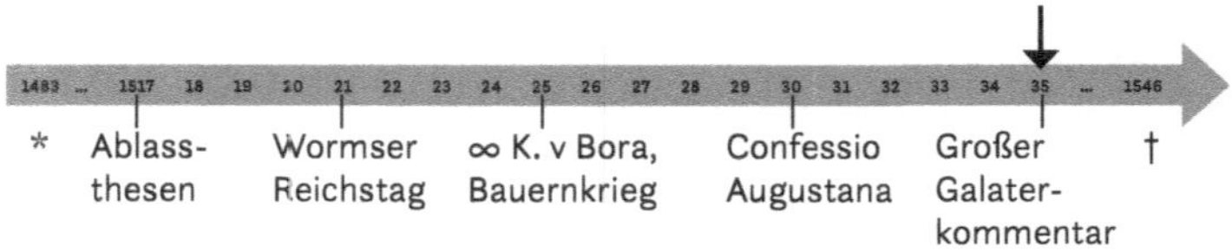

Du kannst leicht sprechen und glauben, daß Christus, Gottes Sohn, dahingegeben ist für die Sünden des Petrus, Paulus und anderer Heiliger, die nach unserem Urteil dieser Gnade würdig gewesen sind. Aber es ist äußerst schwierig, daß du, der du dich dieser Gnade für unwürdig erachtest, von Herzen sagst und glaubst, daß Christus für deine vielen und großen Sünden dahingegeben worden ist.

Lerne hier aus Paulus glauben, Christus sei nicht für erdichtete oder gemalte Sünden, sondern für wirkliche Sünden dahingegeben, nicht für kleine, sondern für die größten, nicht für die eine oder andere, sondern für alle, nicht für die schon erledigten (weil kein Mensch, auch kein Engel auch nur die mindeste Sünde erledigen kann), sondern für die unerledigten Sünden.

Und zugestanden, daß ich keinen Mord, Ehebruch, Diebstahl oder eine ähnliche grobe Sünde wider die zweite Tafel mit der Tat begangen habe, so habe ich doch alles mit dem Herzen getan. Darum bin ich ein Übertreter aller göttlichen Gebote, und so groß ist die Menge meiner Sünden, daß sie auf keine Kuhhaut gehen, ja daß sie nicht gezählt werden können; denn ich habe gesündigt „mehr als Sand am Meer liegt" (Gebet Manasses Vers 9). Zudem ist der Teufel ein so schlauer Künstler, daß er auch aus meinen guten Werken und aus meiner Gerechtigkeit die größte Sünde machen kann. Da also meine Sünden so ernst, wirklich, groß, unermeßlich, schrecklich und unüberwindlich sind, und meine Gerechtigkeit mir nicht nützen kann, sondern vielmehr schaden möchte, so ist Christus, der Sohn Gottes, für sie in den

Tod gegeben, um sie abzutun und mich und alle, die das glauben, zu retten.

(Aus dem *Großen Galaterkommentar*, 1535)

„Wenn wir sagen, wir haben keine Sünde, so betrügen wir uns selbst, und die Wahrheit ist nicht in uns. Wenn wir aber unsre Sünden bekennen, so ist er treu und gerecht, dass er uns die Sünden vergibt und reinigt uns von aller Ungerechtigkeit." (1. Johannes 1,8-9)

„Daran erkennen wir, dass wir aus der Wahrheit sind, und können vor ihm unser Herz überzeugen, dass, wenn uns unser Herz verdammt, Gott größer ist als unser Herz und erkennt alle Dinge." (1. Johannes 3,19-20)

Luthers Anfechtungen im Kloster sind den meisten von uns bekannt. Dann hatte er als Professor in Wittenberg sein Turmerlebnis und nahm es hinterher mehr oder weniger mit der ganzen Welt auf. Was hat er nicht alles durchgekämpft, geleistet, geschrieben – Letzteres in solchen Mengen, dass die berühmte Weimarer Ausgabe seiner Werke mehrere Dutzend Bände zählt. Eine Familie gegründet hat er nebenher auch noch und es ist an dieser Stelle gerade für (hauptamtliche) Christen wichtig zu bemerken, dass Gott jedem Menschen ein unterschiedliches Maß an Kraft gibt. Dieses war bei Luther außergewöhnlich und wir sollten uns in puncto Arbeitsleistung nicht mit ihm vergleichen. Aber Luther war auch in seinem späteren Leben als Reformator nicht frei von der Anfechtung. Sie hielt ihn nicht immer in ihrem Griff, aber sie kam immer wieder. Nicht, weil mit seinem Glauben etwas nicht gestimmt hätte, sondern, wie er selbst es verstand, als die Schule, in der er den Glauben immer tiefer gelernt hat. Wir können hier unsererseits viel von ihm lernen und etwas mitnehmen von dem Zuspruch, den er, wie im heutigen Text, für angefochtene Christen formulieren konnte.

Es war das Jahr 1527, in dem Doktor Martinus besonders hart um seinen Glauben kämpfen musste. Damals kam zusätzlich zu allen sonstigen Problemen noch die Pest nach Wittenberg und wir können bewundern, wie Luther, anders als andere Fakultätsangehörige, an der Universität und in der Stadt blieb und die Pestkranken besuchte, die oft von allen verlassen waren. Äußerlich schien er stark zu sein, aber er war dabei ein Christ, der ganz genau wusste, wie es sich anfühlte, innerlich, geistlich am Boden zu liegen. War es vielleicht gerade das, was ihn barmherzig machte?

Luther wusste, wie schwer es sein kann, den Zuspruch der Gnade auf sich persönlich zu beziehen. Es fällt uns leicht zu glauben, dass die Gnade für die Leute in der Bibel gilt, Leute, die später noch Gemeinden gegründet und Wunder gewirkt haben und nach denen wir heute noch Kirchen benennen. Es fällt uns auch leicht zu glauben, dass die Gnade für die anderen in der Gemeinde gilt, besonders für die, die wir als unsere Vorbilder betrachten. Aber wir selbst? Da ist niemand, dessen Fehler wir so genau kennen wie unsere eigenen. Wir kennen unsere hartnäckigen Sünden und unsere tausend Versprechen an Gott, sie in Zukunft zu lassen. Um dann wieder schwach zu werden. Wir wissen, wie wir uns in der Privatsphäre unserer Familie oft verhalten, wenn uns niemand aus der Gemeinde sieht. Wir wissen, wie es in unserer Gedankenwelt aussieht – und wie fern wir uns oft von Gott fühlen. Wie sollte uns da die Sündenvergebung gelten? *Immer noch gelten?* Vielleicht sollten wir uns Luthers Text dazu noch einmal durchlesen. Gerade für Menschen wie dich und mich ist Christus gestorben. Nicht für gemalte Heilige, sondern für wirkliche Menschen. Wir dürfen es wagen, Menschen wie uns als wirkliche Christen anzusehen. Den Angefochtenen gilt das Evangelium. Christus ist für die Sünder gekommen, nicht für die Gerechten. Wenn wir am Maßstab des Gesetzes scheitern, dann weist es uns, auch *uns*, zu Christus.

» In Zeiten, in denen wir nicht mehr glauben können, gibt es nur eine richtige Richtung, in die wir laufen können: in Gottes Arme.

» Paul Deitenbeck beschreibt unsere wiederholte Bewegung vom Gesetz zum Evangelium, von uns selbst zu Christus, sehr treffend in einem Merkspruch: „Arm, bloß und immer blößer und Jesus immer größer, das ist der Christenleute Lauf."

Tag 23
Gesetz und Evangelium praktisch

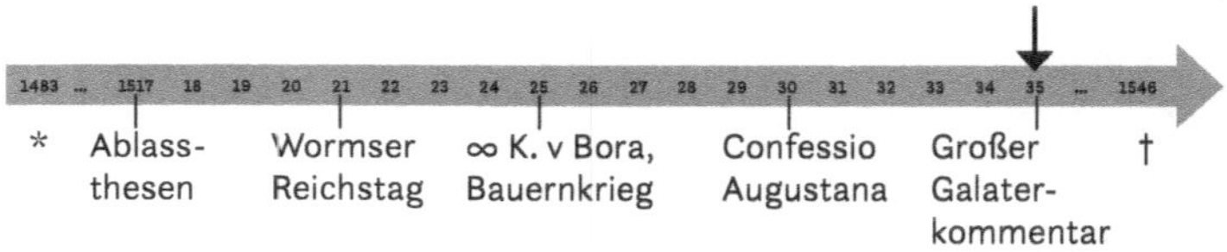

Wer ist dieser „mich"? Ich verlorener und verdammter Sünder bin so geliebt von dem Sohne Gottes, daß er sich für mich dahingab.

Mit diesen Worten, daß Christus mich geliebt und sich selbst für mich dahingegeben hat, beschreibt Paulus aufs schönste das Priestertum und die Ämter Christi. Darin bestehen sie, daß er Gott versöhnt, für die Sünder eintritt und bittet, sich selbst als Opfer für ihre Sünden darbringt, sie erlöst etc. Wenn du Christus richtig beschreiben willst, darfst du's nicht tun wie die Sophisten und Schwärmer, die aus ihm einen neuen Gesetzgeber machen, der das alte Gesetz abgetan und ein neues gegeben hat. Ihnen ist Christus ein Gerichtsvollstrecker und Tyrann. Du mußt Christus so beschreiben wie Paulus hier, daß er der Sohn Gottes ist, der nicht auf Grund unseres Verdienstes oder auf Grund irgendeiner Gerechtigkeit unsererseits, sondern aus lauter Barmherzigkeit und Liebe sich dahingegeben und sich Gott als Opfer dargebracht hat – für uns elende Sünder, um uns in Ewigkeit zu heiligen.

Daher ist Christus nicht ein Mose, nicht ein Einforderer oder Gesetzgeber, sondern ein Spender der Gnade, ein Heiland und Erbarmer und in Summa: Er ist lautere und unendliche Barmherzigkeit, die sich uns schenken läßt und selbst auch schenkt. So wirst du Christus richtig malen; wenn du dir ein anderes Bild vormalen läßt, wirst du bald in der Stunde der Versuchung zuschanden werden. Wie es die höchste Kunst der Christen ist, so Christus bestimmen zu können, so ist es auch die allerschwerste.

(Aus dem *Großen Galaterkommentar*, 1535)

„Ich bin die Tür; wenn jemand durch mich hineingeht, wird er selig werden und wird ein und aus gehen und Weide finden. Ich bin der gute Hirte. Der gute Hirte lässt sein Leben für die Schafe.“ (Johannes 10,9.11)

„Denn wir haben nicht einen Hohenpriester, der nicht könnte mit leiden mit unserer Schwachheit, sondern der versucht worden ist in allem wie wir, doch ohne Sünde. Darum lasst uns freimütig hinzutreten zu dem Thron der Gnade, auf dass wir Barmherzigkeit empfangen und Gnade finden und so Hilfe erfahren zur rechten Zeit.“ (Hebräer 4,15-16)

Wer auch nur oberflächlich die Bibel gelesen hat, wird wissen, dass es eine Vielzahl von Bibelstellen gibt, die unserem heutigen Text zu widersprechen scheinen. Besonders die synoptischen Evangelien (Matthäus, Markus und Lukas) bringen viele Aussagen Jesu, die man unter „Forderung“ und „Drohung“ einordnen muss. Niemand in der Bibel hat so oft von der Hölle gesprochen wie Christus selbst. Ist das der süße Sünderheiland, von dem Luther hier spricht?

Wir müssen an dieser Stelle zunächst achtgeben, zu wem Jesus hier spricht. Es gibt meines Wissens keine einzige Stelle, an der Jesus die „Zöllner und Sünder“ angreift, also die offensichtlichen Übertreter der Gebote. Wenn Christus in drohendem Ton spricht, sind seine Adressaten jene, die sich selbst für gerecht halten. Es geht nicht nur darum, was Christus sagt, sondern auch, *wann* und *zu wem* es gesagt ist. Wenn wir versuchen, mit Luther *Gesetz und Evangelium* zu unterscheiden, müssen wir ganz ähnlich vorgehen. Christus treibt an vielen Stellen im Neuen Testament das Gesetz. Paulus und die anderen Schreiber des NT können die Christen durchaus ermahnen, auch mit harten Worten. Entscheidend ist, *welche* dieser Worte wir *wann* auf uns beziehen. Einem Angefochtenen und übrigens auch einem Menschen auf dem Sterbebett gilt allein das Evangelium, ohne jede Drohung, ohne jede Forderung. Wo wir aber beginnen, auf unsere eigenen Leistungen stolz zu werden, muss uns das Gesetz wiederum einen Spiegel vorhalten. Dazu brauchen wir die harten Worte in der Bibel. Gott gebraucht sie nicht, um uns zu zerstören, sondern um uns zu zeigen, dass wir Christus brauchen. Sie haben einen pädagogischen Zweck. Gottes Zorn steht im Dienst seiner Liebe. Wenn wir durch solche Worte erschüttert sind, hat das Gesetz bei uns sein Ziel *erreicht*. Drastisch formuliert: Wenn ich am Boden liege, darf ich wissen, dass Gott nicht nachtritt. Wir dürfen dann von den harten Aussagen wegsehen auf Christus, unseren Heiland, und in seinem Blick ist nichts außer Gnade und Liebe.

Dazu kommt, dass wir die Bibel immer als Menschen lesen, die *simul iustus et peccator* sind, Gerechter und Sünder zugleich, alter und neuer Mensch zugleich. Wir leben unter dem Schirm der Gerechtigkeit Christi, aber in unserem praktischen Leben regt sich weiter die Sünde. Es ist ein Kampffeld. Wir sind nicht mehr allein alter Mensch und noch nicht allein neuer Mensch. Weder unsere Taten noch unsere Motive sind so rein, wie sie es einmal im Himmel sein werden. Als der alte Mensch brauchen wir weiter das Gesetz als Maßstab. Als Lebensregel lassen wir es nicht hinter uns. Aber es verdammt uns nicht mehr. Gott möchte uns im praktischen Leben noch einiges beibringen. Aber nicht unsere, sondern Christi Gerechtigkeit bringt uns durch das Gericht.

» Die Unterscheidung von *Gesetz und Evangelium*, also der Blickwechsel von der Forderung zur Gnade und von mir selbst weg auf den schenkenden Christus, ist keine einfache Sache. Wir müssen es einüben. Ich darf wissen: Das Evangelium gilt mir. Die Gnade gilt mir.

» Ich kann meine Stellung vor Gott nicht an meinem Gefühl ablesen. Auch wenn ich es vor Angst und Resignation nicht spüre: Christus sieht mich an mit Augen voller Liebe. Er hält mich in seiner Hand.

» Wir Christen sind nicht alle im selben Maße angefochten, brauchen nicht dasselbe Maß an Trost. Wenn wir fröhlich sind in unserem Glauben, dürfen wir es sein. Aber wir leben immer von der Gnade.

Tag 24

Du bist gemeint

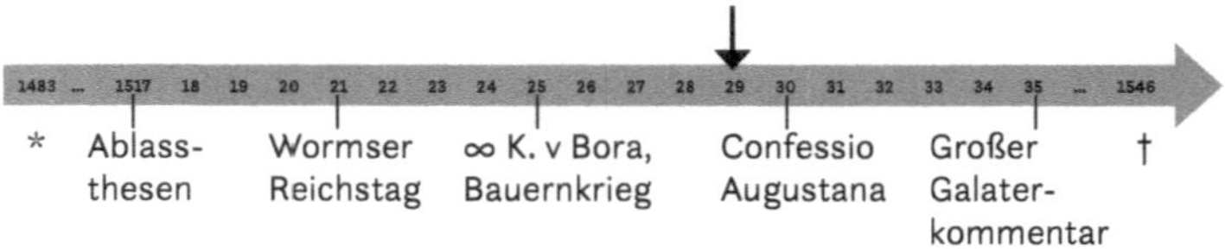

Der dritte Artikel, von der Heiligung

Ich glaube an den Heiligen Geist, eine heilige christliche Kirche, die Gemeinde der Heiligen, Vergebung der Sünden, Auferstehung des Fleisches und ein ewiges Leben. Amen.

Was ist das? Antwort.

Ich glaube, daß ich nicht aus eigener Vernunft noch Kraft an Jesum Christ, meinen Herren, glauben oder zu ihm kommen kann; sondern der Heilige Geist hat mich durchs Evangelium berufen, mit seinen Gaben erleuchtet, im rechten Glauben geheiliget und erhalten; gleichwie er die ganze Christenheit auf Erden berufet, sammelt, erleuchtet, heiliget und bei Jesu Christo erhält im rechten, einigen Glauben; in welcher Christenheit er mir und allen Gläubigen täglich alle Sünden reichlich vergibt und am jüngsten Tage mich und alle Toten auferwecken wird und mir samt allen Gläubigen in Christo ein ewiges Leben geben wird. Das ist gewißlich wahr.

(Aus dem *Kleinen Katechismus,* 1529)

„Dies ist gut und wohlgefällig vor Gott, unserm Heiland, welcher will, dass alle Menschen gerettet werden und sie zur Erkenntnis der Wahrheit kommen." (1. Timotheus 2,3-4)

„So sind wir nun Botschafter an Christi statt, denn Gott ermahnt durch uns; so bitten wir nun an Christi statt: Lasst euch versöhnen

mit Gott! Denn er hat den, der von keiner Sünde wusste, für uns zur Sünde gemacht, auf dass wir in ihm die Gerechtigkeit würden, die vor Gott gilt." (2. Korinther 5,20-21)

„Siehe, ich stehe vor der Tür und klopfe an. Wenn jemand meine Stimme hören wird und die Tür auftun, zu dem werde ich hineingehen und das Abendmahl mit ihm halten und er mit mir." (Offenbarung 3,20)

Erinnern wir uns an den Gedankenanstoß am Ende der Andacht zum zweiten Glaubensartikel (S. 80)? Wie kann mein Wille beeinflussen, was Gott will? Die Antwort: gar nicht. Der Glaube ist ganz Geschenk. Aber darum ist der Umstand, dass ich glauben will, für mich das Zeichen, dass Gott mir dieses Geschenk gemacht hat. Der natürliche Mensch ohne Gott will nicht glauben, dass über ihm ein Gott ist. Er will sein eigener Herr sein. Er lässt Gott nicht Gott sein. Wenn ich mich Gott zuwenden *will*, dann ist er längst in mir am Werk. Ein Augustinus zugeschriebener Merkvers drückt es schön aus:

„Hättst du dich nicht zuerst an mich gehangen,
dann wär' ich dich gar nicht erst suchen gegangen."

Der Heilige Geist beruft uns durch das Evangelium. Vielleicht in der klassischen Evangelisationssituation, vielleicht in einem Gespräch, vielleicht über einen langen Zeitraum hin, ohne einen besonderen benennbaren Zeitpunkt. Irgendwann habe ich Ja gesagt, bewusst oder unbewusst, und bin durch die Tür gegangen.

Ich stehe vor der Tür, auf der die Einladung eingraviert ist: „Kommet her zu mir alle, die ihr mühselig und beladen seid." Dann gehe ich hindurch und lese auf der anderen Seite der Tür die Worte: „Erwählt, ehe der Welt Grund gelegt war." Subjektiv ist es meine Willensentscheidung. Aber objektiv ist es ganz Gottes Geschenk an mich. Das bekommen wir in unseren Köpfen nicht zusammengereimt. Haben wir schon einmal versucht, die beiden Seiten einer Münze zugleich zu betrachten? Egal, wie ich die Münze halte, wie nah ich mit dem Auge herangehe und blinzle, ich kriege es nicht hin. Dafür sind meine Augen nicht gemacht. Aber wenn ich mich mit der Münze vor einen Spiegel stelle, dann funktioniert es. Vielleicht ist es mit dem Verstehen des Zum-Glauben-Kommens ähnlich. Entscheidend ist: Ich glaube nicht aus eigener Kraft. Aber wenn ich die Einladung des Evangeliums höre, darf ich mit Ja antworten. Ich bin gemeint. Ich muss nicht auf eine innere Stimme oder besondere Gefühle warten. Wenn ich glauben will, dann, weil Gott mich schon lange, lange gewollt hat.

Luther überschreibt den dritten Glaubensartikel mit „von der Heiligung" und dann redet er davon, was der Heilige Geist alles tut. Er schenkt uns den Glauben. Er heiligt uns. Er erhält uns im Glauben. Er vergibt uns die Sünden und wird uns eines Tages von den Toten auferwecken. Auch die Heiligung ist etwas, das Gott uns schenkt. Wir dürfen sie im Glauben annehmen. Der Glaube führt uns in ein tätiges Leben, aber unsere Taten werden nicht zur Voraussetzung unseres Heils. Christus ist und bleibt unsere Gerechtigkeit. Auch hier im dritten Artikel fasst Luther das Glaubensbekenntnis ganz persönlich. Es geht um „mich" und „meinen" Glauben, geht um den Einzelnen, dem das Werk des dreieinigen Gottes gilt. Wenn dann schließlich das Werk des Heiligen Geistes an der ganzen Christenheit zur Sprache kommt, dann ist dieser Einzelne mitgemeint. Er blickt nicht nur auf die Auferstehung der Toten, sondern auf den Tag, an dem der Heilige Geist „mich und alle Toten auferwecken wird". Es geht ihm niemals um „das" Glaubensbekenntnis. Wem sollte so etwas nützen? Er lädt dich und mich ein, dieses Bekenntnis als *unser* Glaubensbekenntnis zu beten. Das dürfen wir. Und wenn wir es tun, dann ist es wirklich „gewisslich wahr".

» Glaube ist, das Heil mit Bettlerhänden von Gott zu empfangen. Und er tut nichts lieber, als seine Kinder zu beschenken.

» Der Glaube schaut nicht auf sich selbst, nicht darauf, wie stark oder getrost er denn sei. Er schaut auf Christus. Immer wieder bleibt unser Blick bei uns selbst hängen. Aber wir dürfen auch immer wieder den Blickwechsel auf Christus vollziehen.

Tag 25
Nicht nur für Konfirmanden

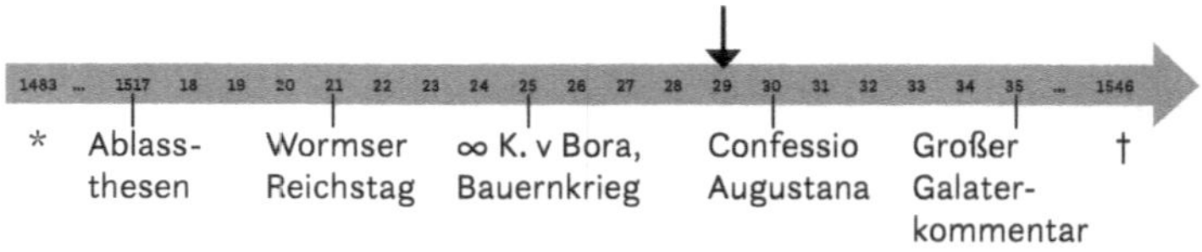

Denn das muß ja sein: Wer die zehn Gebot wohl und gar kann, daß der muß die ganze Schrift können, daß er könne in allen Sachen und Fällen raten, helfen, trösten, urteilen, richten beides, geistlich und weltlich Wesen, und möge sein ein Richter über alle Lehre, Stände, Geister, Recht und was in der Welt sein mag. Und was ist der ganze Psalter denn eitel Gedanken und Übung des ersten Gebots? Nu weiß ich ja, fürwahr, daß solche faulen Bäuche oder vermessenen Geister nicht einen Psalmen verstehen, geschweige denn die ganze Heilige Schrift, und wollen den Katechismum wissen und verachten, welcher der ganzen Heiligen Schrift kurzer Auszug und Abschrift ist.

Darum bitte ich abermal alle Christen, sonderlich die Pfarrherrn und Prediger, sie wollten nicht zu frühe Doktores sein, und alles zu wissen sich dünken lassen (…), sondern sich täglich wohl drinnen üben und immer treiben, dazu mit aller Sorge und Fleiß sich vorsehen vor dem giftigen Geschmeiß solcher Sicherheit oder Dünkelmeister, sondern stetig anhalten beide mit lesen, lehren, lernen, denken und dichten, und nicht ablassen, bis so lange sie erfahren und gewiß werden, daß sie den Teufel tot gelehret und gelehrter worden sind, denn Gott selber ist und alle seine Heiligen.

Diese Predigt ist dazu geordnet und angefangen, daß es sei ein Unterricht für die Kinder und Einfältigen: Darum sie auch von altersher auf griechisch heißet Katechismus, das ist eine Kinderlehre, so ein jeglicher Christ zur Not wissen soll; also, daß wer solchs nicht weiß, nicht könnte unter die Christen gezählet und zu keinem Sakrament zugelassen werden. Gleichwie man einen Handwerks-

mann, der seines Handwerks Recht und Gebrauch nicht weiß, auswirfet und für untüchtig hält. Derhalben soll man junge Leute die Stücke, so in den Katechismum oder Kinderpredigt gehören, wohl und fertig lernen lassen und mit Fleiß darinne üben und treiben.

(Aus dem *Großen Katechismus*, 1529)

„Ich bin der HERR, dein Gott, der ich dich aus Ägyptenland, aus der Knechtschaft, geführt habe. Du sollst keine anderen Götter haben neben mir.“ (2. Mose 20,2-3)

Hans Maurer sah seinen Vater mit großen Augen an: „Wirklich, ich soll nach Heidelberg ziehen?“ „Ja, mein Junge. Ich habe dir in den letzten Jahren alles beigebracht, was ich weiß. Du beherrschst jetzt alles, was ein Maurermeister können muss. Aber wenn du in Heidelberg bei einem Meisterarchitekten weiterlernst, könntest du die Häuser nicht nur bauen, sondern selbst entwerfen. Von Meister Ehrenfeld könntest du zum Beispiel lernen, ein unübertroffener Turmbaumeister zu werden. Der Kurfürst selbst hat ihn mit dem Ausbau seines Schlosses beauftragt. Und von Meister Tohmberg könntest du alles lernen, was man über Kirchenbau wissen kann. Niemand sonst baut so stabile Deckengewölbe. Und von Meister Himmelsschritt – aber nein, den würde ich dir eher nicht empfehlen.“

Hans machte sich auf die Reise in die pfälzische Hauptstadt und war ganz begeistert von all den neuen und himmelragenden Gebäuden, die er dort antraf. Er kam an den Werkstätten der Meister Ehrenfeld und Tohmberg vorbei, die offensichtlich beide sehr erfolgreich waren und eine Menge Gesellen beschäftigten. Aber bevor er bei einem von ihnen einkehrte, wollte er doch zuerst den Meister Himmelsschritt besuchen. Warum hatte sein Vater ihm von diesem abgeraten? War nicht gerade dieser alte Architekt als der größte Visionär bekannt? Hans betrat Meister Himmelsschritts Haus, das um einiges ärmlicher wirkte als die seiner Kollegen. Der Meister selbst führte ihn in seiner

Werkstatt herum. Der junge Maurer war mehr als beeindruckt von all den komplizierten Bauzeichnungen und Plänen. Dieser Mann war wirklich ein Visionär: Türmchen, Brücken, Streben, Erker, Bögen, verspielt und doch harmonisch, türmten sich vor Hansens innerem Auge auf. Wie konnte der Kurfürst nur einen anderen Meister mit seinem Bauprojekt beauftragen? „Aber sagt mir, Meister, was bedeuten eigentlich die leeren Flächen in Euren Bauplänen?“ „Ach, mein Junge, da kommen noch die Fundamente hin. Aber die lasse ich immer meinen Gesellen zeichnen.“ „Ja, Meister“, sprach der Geselle, „aber Ihr habt mir bis heute nicht gezeigt, wie ich das machen soll.“ Traurig wandte er sich an Hans: „Ich bin sicher, der Meister ist ein Genie. Aber wie gern würde ich es noch erleben, dass wir eins dieser Gebäude fertig bauen.“

Kenne ich die Fundamente meines Glaubens? Die ganz grundsätzlichen Dinge, wie Luthers Erklärung des Glaubensbekenntnisses? Was nützen unvergessliche Formulierungen, wenn ich sie nie gelesen habe? Kenne ich irgendeinen guten Katechismus? Könnte ich anhand der Bibel erklären, was z. B. Rechtfertigung bedeutet?

Glaube ist mehr als nur Wissen, aber er ist nicht weniger. Erfahrungen kommen und gehen. Gefühle sind kein Fundament. Unser Glaube richtet sich auf Christi Versprechen – aber dafür müssen wir wissen, was er versprochen hat. Christus ist meine Gerechtigkeit – aber zunächst sollte mir klar sein, warum ich ihn brauche. Warum er für mich sterben musste. Warum Gott die zehn Gebote gegeben hat und was sie bedeuten. Welchen Platz die Gebote in meinem Leben haben und warum sie nicht die Mitte meines Glaubens sind. Luthers Katechismen sind ein gutes Mittel gegen löcherige Fundamente.

» Vielleicht sollte ich mir vornehmen, zumindest den Kleinen Katechismus einmal im Jahr zu lesen (oder vielleicht den Heidelberger Katechismus, falls ich eher aus einem reformierten Hintergrund komme).

Tag 26

Was ist die Mitte?

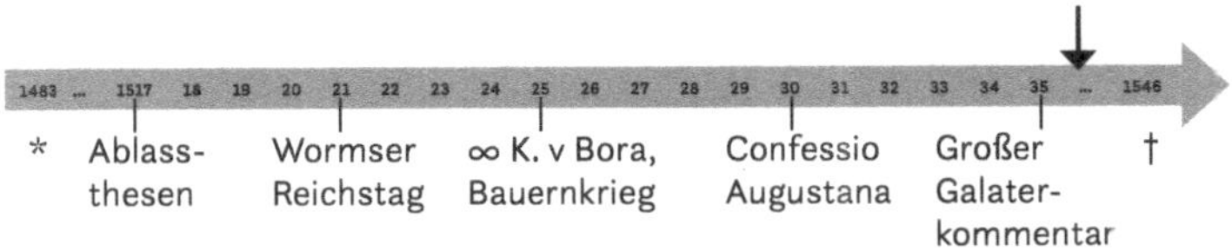

Hie ist der erste und Hauptartikel:

Daß Jesus Christus, unser Gott und Herr, sei um unserer Sünde willen gestorben und um unser Gerechtigkeit willen auferstanden, Röm. 4 (V. 25), und er allein das Lamm Gottes ist, das der Welt Sünde trägt, Joh. 1 (V. 29), und Gott unser aller Sünde auf ihn gelegt hat, Jesaiä 53 (V. 6); item: Sie sind allzumal Sünder und werden ohn Verdienst gerecht aus seiner Gnade durch die Erlösung Jesu Christi in seinem Blut usw. Röm. 3 (V. 23 f.).

Dieweil nun solches muß geglaubet werden, und sonst mit keinem Werk, Gesetze noch Verdienst mag erlanget oder gefaßt werden, so ist es klar und gewiß, daß allein solcher Glaube uns gerecht mache, wie Röm. 3 (V. 28) S. Paulus spricht: „Wir halten, daß der Mensch gerecht werde ohn Werk des Gesetzes, durch den Glauben"; item: „Auf daß er allein gerecht sei und gerecht mache den, der da ist des Glaubens an Jesu."

Von diesem Artikel kann man nichts weichen oder nachgeben, es falle Himmel und Erden, oder was nicht bleiben will. „Denn es ist kein ander Name den Menschen gegeben, dadurch wir können selig werden", spricht S. Petrus Apg. 4 (V. 12), und „durch seine Wunden sind wir geheilet", Jesaiä 53 (V. 5).

Und auf diesem Artikel stehet alles, das wir wider den Papst, Teufel und Welt lehren und leben. Darum müssen wir des gar gewiß sein und nicht zweifeln, sonst ists alles verloren und behält Papst und Teufel und alles wider uns den Sieg und Recht.

(Aus den *Schmalkaldischen Artikeln*, 1536/37)

„So halten wir nun dafür, dass der Mensch gerecht wird ohne des Gesetzes Werke, allein durch den Glauben." (Römer 3,28)

„Denn alle Schrift, von Gott eingegeben, ist nütze zur Lehre, zur Zurechtweisung, zur Besserung, zur Erziehung in der Gerechtigkeit." (2. Timotheus 3,16)

Das bekannteste lutherische Bekenntnis, die Confessio Augustana (CA), schrieb Philipp Melanchthon zur Vorlage vor dem Kaiser auf dem Augsburger Reichstag von 1530. Es war eine gemäßigte Bekenntnisschrift, die aber trotzdem bei Karl V. und den Altgläubigen auf taube Ohren stieß. Dafür stellten sich allerdings eine Reihe von Fürsten und reichsunmittelbarer Städte hinter die CA. Luther selbst, nach wie vor in der Reichsacht, konnte den Reichstag nur von der sicheren Coburg aus verfolgen – und befürchten, dass Melanchthon mit seiner Verhandlungsbereitschaft zu weit gehen könnte. Dennoch, er erkannte Magister Philippus' systematische Begabung durchaus an, ebenso wie dieses Bekenntnis. Die evangelischen Fürsten und Städte formierten sich in einem protestantischen Bündnis, dem Schmalkaldischen Bund, gegen den Kaiser und die katholischen Fürsten. Da Karl V. aber ständig mit Kriegen gegen die Franzosen und Türken beschäftigt war und dazu auch die Hilfe seiner evangelischen Fürsten brauchte, kam es zu Luthers Lebzeiten nicht mehr zu einer militärischen Auseinandersetzung zwischen dem Kaiser und dem Schmalkaldischen Bund. Die Schmalkaldischen Artikel von 1536/37, aus denen unser Text stammt, stammen aus Luthers eigener Feder und gehören wie die CA zu den lutherischen Bekenntnisschriften.

Könnte ich die Rechtfertigung anhand der Bibel erklären? Luther tut hier genau das und er hält fest, dass gerade diese Lehre im Zentrum des protestantischen Glaubens steht. Von dieser Mitte, von Christi Werk am Kreuz und wie wir seine Gerechtigkeit durch den Glauben empfangen, geht in Luthers Theologie alles aus. Dieser Artikel ist für Doktor Martinus unverhandelbar.

In der Bibel haben nicht alle Stellen dasselbe Gewicht. Sie ist kein ebenes Feld hinter der Mauer der Lehre von der Inspiration. Gott hat die Heilige Schrift eingegeben, inspiriert, aber innerhalb ihres Umfangs gibt es Täler und Gipfel. Einer der höchsten Gipfel des Alten Testaments ist das berühmte Kapitel Jesaja 53 und von hier aus haben wir einen freien Blick ins Neue Testament, auf den Hügel Golgatha. Luther sucht in der Bibel, „was Christum treibet", und hier findet er die Antwort auf die Frage nach seinem Heil, die Antwort auf unsere Frage nach dem gnädigen Gott. Sören Kierkegaard hat die Christozentrik der Bibel sehr schön in Worte gefasst: „Die Bibel hat keine Wahrheiten. Sie hat nur die Wahrheit, spricht nur von dem Herrn Jesus Christus." Diese Mitte können wir bei der Formulierung einer Theologie niemals hinter uns lassen. Der Rechtfertigungsartikel ist kein Punkt neben anderen. Er ist der Nagel, an dem das gesamte Panorama unseres Glaubens hängt, nicht zuletzt unser Gottesbild.

Wie sehe ich die Bibel: als eine Sammlung von Vorschriften oder als den Ort, an dem ich meinem Herrn begegnen kann? Begegnen kann als dem Schenkenden, dem Gott, der mich von Anfang der Welt gewollt hat, der mich kennt und trotzdem voller Liebe anschaut, der für mich ist und dessen Liebe niemals aufhört. Gewiss, ich begegne Gott in der Bibel auch als dem Vater, der seinem Kind ins Gewissen redet, als dem Herrn, dessen Maßstäben ich wieder einmal nicht genügen konnte. Als dem Vater, der eigentlich längst enttäuscht von mir sein müsste, aber der mich immer wieder annimmt, weil Christus mich mit seiner Gerechtigkeit überkleidet. Es ist eine Schule, in der wir in diesem Leben nicht auslernen. Gott ist Liebe und diese Liebe werden wir wohl auch in Ewigkeit nicht ausloten können.

» Welche Folgen hat der Artikel von der Rechtfertigung für mein Gottesbild?

» Was für ein Vater! Denken wir an das Gleichnis vom verlorenen Sohn in Lukas 15: Warum ist der ältere Bruder so lange nicht zur Freude durchgebrochen, obwohl der Vater ihm alles geschenkt hatte? Auch als ältere Brüder sind wir vom Vater zum Willkommensfest seines Sohnes eingeladen. Immer noch.

Tag 27

Kirche, aber wie?

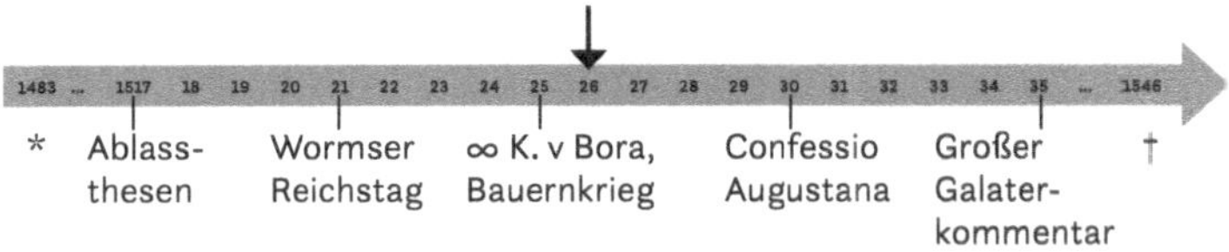

Aber die dritte Weise, die rechte Art der evangelischen Ordnung haben sollte, müßte nicht so öffentlich auf dem Platz geschehen unter allerlei Volk, sondern diejenigen, so mit Ernst Christen wollen sein und das Evangelion mit Hand und Munde bekennen, müßten mit Namen sich einzeichnen und etwa in einem Hause alleine sich versammeln zum Gebet, zu lesen, zu taufen, das Sakrament zu empfangen und andere christliche Werk zu üben. In dieser Ordnung könnt man die, so sich nicht christlich hielten, kennen, strafen, bessern, ausstoßen oder in den Bann tun nach der Regel Christi, Matth. 18,15 f.

Hie könnt man auch ein gemeinsames Almosen den Christen auflegen, das man williglich gäbe und austeilete unter die Armen nach dem Exempel S. Pauli 2. Kor. 9,1. 2. 12. Hie bedürfte es nicht viel und groß Gesänges. Hie könnt man auch eine kurze und feine Weise mit der Taufe und Sakrament halten und alles aufs Wort und Gebet und die Liebe richten. Hie müßte man einen guten kurzen Katechismum haben über den Glauben, zehen Gebot und Vaterunser. Kürzlich, wenn man die Leute und Personen hätte, die mit Ernst Christen zu sein begehrten, die Ordnungen und Weisen wären balde gemacht.

Aber ich kann und mag noch nicht eine solche Gemeine oder Versammlung ordnen oder anrichten. Denn ich habe noch nicht Leute und Personen dazu; so sehe ich auch nicht viel, die dazu dringen. Kommts aber, daß ichs tun muß und dazu gedrungen werde, daß ichs aus gutem Gewissen nicht lassen kann, so will ich das meine gerne dazu tun und auf das beste, so ich vermag, helfen.

Indes will ichs bei den gesagten zwo Weisen lassen bleiben und öffentlich unter dem Volk solchen Gottesdienst, die Jugend zu üben und die andern zum Glauben zu rufen und zu reizen neben der Predigt, helfen fördern, bis daß die Christen, so mit Ernst das Wort meinen, sich selbst finden und anhalten, auf daß nicht eine Rotterei draus werde, so ichs aus meinem Kopf treiben wollte. Denn wir Deutschen sind ein wild, roh, tobend Volk, mit dem nicht leichtlich ist etwas anzufangen, es treibe denn die höchste Not.

(Aus *Deutsche Messe und Ordnung des Gottesdienstes,* 1526)

„Denn wie der Leib einer ist und hat doch viele Glieder, alle Glieder des Leibes aber, obwohl sie viele sind, doch ein Leib sind: so auch Christus. Denn wir sind durch einen Geist alle zu einem Leib getauft, wir seien Juden oder Griechen, Sklaven oder Freie, und sind alle mit einem Geist getränkt." (1. Korinther 12,12-13)

Auch nach den Invokavitpredigten von 1522 und den Erfahrungen des Bauernkrieges von 1525 blieb Luther in Fragen von Kirchen- und Gottesdienstordnungen eher behutsam und konservativ. Zwar zeigten die Visitationen in den Kirchengemeinden, dass die Pastoren und Gemeindeglieder noch eine Menge Hilfe beim Aufbau von Lehre und Leben unter protestantischen Vorzeichen benötigten, aber wenn Luther auch mit der *Deutschen Messe,* also der von ihm vorgeschlagenen Ordnung des deutschsprachigen Gottesdienstes, und seinen *Katechismen* wichtige Hilfsmittel schuf, blieb er doch bei seinem Grundgedanken, mit den äußeren Ordnungen nicht die Gewissen der Gläubigen zu beschweren. Doktor Martinus scheint in Fragen der Ekklesiologie, also der Lehre von der Kirche, ein recht weites Herz gehabt zu haben, solange nur die Reinheit von Wort und Sakrament gewährleistet war. Andere Reformatoren dachten hier ganz anders, etwa Martin Bucer in Straßburg, der für seine evangelische Gemeinde eine detaillierte Kirchenordnung verfasste. In seiner *Vorrede zur Deutschen Messe* spricht Luther doch in aller Kürze an, wie er sich ein intensiveres christliches Leben innerhalb einer künftigen Kerngemeinde vorstellen könnte. Verwirklicht hat er diese Pläne nicht mehr. Ihm fehlten noch die Leute dazu und er bemerkte bei seinen Wittenbergern wenig Interesse in diese Richtung.

Als dieses Interesse innerhalb der evangelischen Kirchen stärker wurde, waren es diese Aussagen Luthers über jene, „so mit Ernst Christen wollen sein", an die die Väter des Pietismus, Philipp Jacob Spener, August Herrmann Francke und Nikolaus Graf v. Zinzendorf, anknüpfen konnten, und auch in neupietistischen und freikirchlichen Kreisen dürften sie zu den bekannteren Lutherzitaten gehören. Man könnte nun streiten, welche heutige theologische Tradition sich am ehesten auf Luther berufen kann: die landeskirchlich-lutherische, die die äußere Kirchenorganisation aus der Lutherzeit vertritt? Die reformierte, die auf Luthers Entdeckung gründet und seine Theologie im Sinne Calvins weiterentwickelt hat? Die innerkirchlich-pietistische, die sich im Sinne des heutigen Textes als *ecclesiola in ecclesia* (Kirchlein innerhalb der Kirche) versteht? Oder die freikirchliche, die den Anspruch erhebt, dort weitergegangen zu sein, wo Luther organisatorisch zu konservativ war? Eine solche Diskussion führt aber letztlich zu nichts. Jeder, der heute an der Rechtfertigung *sola gratia, sola fide* festhält, kann sich als Protestant betrachten und nach wie vor eine Menge von Dr. Martinus lernen. Luthers knappe Aussagen zur Ekklesiologie können auch als Stärke seiner Theologie gesehen werden. Die Gemeinde Jesu kann viele Gestalten haben. Wir können uns in der Mitte unseres Glaubens einig sein, aber frei in der Ausgestaltung des Gemeindelebens: parochial-hochkirchlich-liturgisch, personalgemeindlich-pietistisch/freikirchlich oder gar als Heilsarmeegemeinde mit militärischen Diensträngen. Und: Es ist Christus selbst, der bestimmt, welche Gruppe zu seinem Leib gehört, nicht unsere Bekenntnisse oder gar Traditionen.

» Es ist nicht unsere Aufgabe, Christen den Glauben abzusprechen, auch wenn sie nicht Lutheraner oder auch nur Protestanten sind.

» Ein kluger Mann hat einmal gesagt: „Wahrscheinlich sind zehn Prozent von dem, was ich sage, Irrlehre. Ich weiß nur nicht, welche zehn Prozent.“

Tag 28

Diamanten auf dunklem Samt

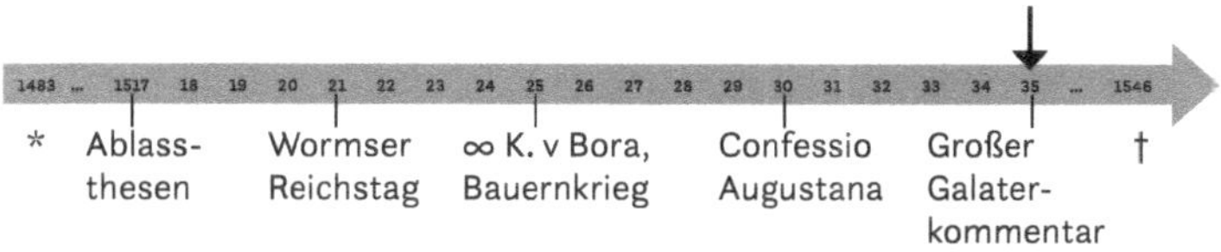

Ein Sündendiener ist nichts anderes als ein Gesetzgeber oder Lehrer und Vollzieher des Gesetzes, d. h. er lehrt die guten Werke und die Liebe, er lehrt das Kreuz und die Leiden ertragen, Christus und die Heiligen nachahmen etc. Wer immer das zum Hauptpunkt seiner Lehre macht und darauf besteht, ist ein Diener des Gesetzes, ja, der Sünde, des Zornes und des Todes. Denn durch seine Lehre bringt er nichts zuwege, als daß er die Gewissen schreckt und verwirrt und unter die Sünde beschließt. Denn es ist unmöglich, daß die menschliche Natur das Gesetz erfüllt. Auch in den Gerechtfertigten, die den Hl. Geist haben, widersteht das Gesetz der Glieder dem Gesetz des Geistes etc. Wie sollte dieser Widerstreit dann nicht bei denen sein, die den Hl. Geist nicht haben? Wer daher lehrt, daß die Gerechtigkeit durchs Gesetz zuteil wird, der weiß nicht, was er sagt und was er setzt, viel weniger hält er das Gesetz; er spielt mit sich und den anderen und legt unerträgliche Lasten auf, er schreibt vor und befiehlt Unmögliches und führt sich und seine Schüler schließlich in die Verzweiflung.

Es ist der eigentliche Zweck und die Bestimmung des Gesetzes, die ruhigen und sicheren Menschen zu überführen, daß sie sündenverhaftet sind, daß sie des Zornes und des Todes schuldig sind, so daß sie erschrecken und zur Verzweiflung kommen, ja, daß sie erbleichen und zittern beim Rauschen eines sich im Winde bewegenden Blattes. Und soferne sie so im Schrecken leben, sind sie unter dem Gesetz. Das Gesetz erfordert einen vollkommenen Gehorsam gegen Gott, und verdammt die, die ihn nicht leisten; es ist aber sicher, daß niemand diesen vollkommenen Gehorsam gegen das

Gesetz leistet oder leisten kann; und doch besteht Gott auf diesem Gehorsam.

(Aus dem *Großen Galaterkommentar*, 1535)

„Denn ich weiß, dass in mir, das heißt in meinem Fleisch, nichts Gutes wohnt. Wollen habe ich wohl, aber das Gute vollbringen kann ich nicht. Denn das Gute, das ich will, das tue ich nicht; sondern das Böse, das ich nicht will, das tue ich." (Römer 7,18-19)

„Da aber Jesus sah, dass er traurig geworden war, sprach er: Wie schwer kommen die Reichen in das Reich Gottes! Denn es ist leichter, dass ein Kamel durch ein Nadelöhr gehe, als dass ein Reicher in das Reich Gottes komme. Da sprachen, die das hörten: Wer kann dann selig werden? Er aber sprach: Was bei den Menschen unmöglich ist, das ist bei Gott möglich." (Lukas 18,24-27)

Es ist jedem Menschen, auch dem gerechtfertigten Christen, unmöglich, Gottes Gesetz zu erfüllen. Aber: Gott trägt uns auf, das Gesetz zu erfüllen. Und dann wiederum: Nicht das Gesetz ist unser Heilsweg, sondern das Evangelium. Im Evangelium ist keinerlei Forderung. Alle drei Sätze sind festzuhalten, und zwar gleichzeitig.

Vielleicht eines der traurigsten Kapitel in Luthers Leben war sein Streit mit seinem alten Weggefährten Johann Agricola über die Rolle des Gesetzes im Leben der Christen. Dieser Antinomistische Streit von 1537 hat seinen Namen von der Bezeichnung „Antinomer" – Gegner des Gesetzes –, mit der Luther Agricola und seine Anhänger angriff. Agricola war der Meinung, dass das biblische Gesetz für die gerechtfertigten Christen keine Rolle mehr spiele. Hatte Luther in der Frühzeit der Reformation nicht gerade die Freiheit der Gläubigen vom Gesetz betont? Für Agricola war es für die Frommen unnötig. Lebensregeln wollte er nur noch aus dem Evangelium ableiten. Auf den ersten Blick scheint das sehr reformatorisch – aber tatsächlich hatte Agricola Luthers Dialektik von Gesetz und Evangelium missverstanden. Doktor Martinus sah bei seinem alten Mitstreiter gerade das Evangelium in Gefahr, denn wenn wir das Gesetz abschaffen, werden wir alle Weisungen für die Gläubigen vom Evangelium erwarten. Wir tragen Forderungen in den Raum des Evangeliums hinein – und machen es dadurch zu einem neuen Gesetz. Diese Forderungen mögen maßvoll sein, aber es bleibt dabei, dass kein Mensch Gottes Forderungen perfekt erfüllen kann. Wenn eine Forderung das letzte Wort hat, ihr kein Evangelium von der geschenkten Gerechtigkeit mehr gegenübersteht, bleibt dem Gewissen nur die Verzweiflung. Wir brauchen das Gesetz als Gegenüber zum Evangelium, damit das Evangelium ganz Geschenk bleiben kann. Der Streit zog sich eine ganze Weile hin und endete, trotz Versöhnungsversuchen, schließlich damit, dass Agricola Wittenberg verließ.

Wir brauchen das Gesetz als den dunklen Hintergrund für das Evangelium, aber es darf in unserem Gemeindeleben nicht zum Mittelpunkt werden. Nicht als alttestamentliches Gesetz und auch nicht in Gestalt der neutestamentlichen Ermahnungen, die wir z. B. bei Paulus finden. Jede Forderung in der Bibel ist Gesetz. Wenn wir das Gesetz so lange interpretieren, bis es uns machbar erscheint (indem wir z. B. das Nadelöhr in der Lukasstelle für eine schmale Pforte in der Stadtmauer erklären), oder auf Gottes Hilfe bei der Gesetzeserfüllung verweisen, können wir den Blick nicht mehr von der Forderung abwenden. Aber die Antwort auf das unerfüllbare Gesetz ist nicht ein erfüllbares Gesetz, sondern das Evangelium. Gottes Gesetz ist heilig, gerecht und gut. Aber wir sind es nicht. Darum konnte es für uns niemals der Heilsweg sein.

» Warum sollte Gott in der Bibel irgendetwas fordern, wenn wir es doch nicht leisten können? Luther würde sagen: damit wir begreifen, dass wir Christus brauchen.

» Und warum hört die Forderung des Gesetzes nicht auf, wenn wir schon an Christus glauben? Weil wir das Gesetz als Lebensregel brauchen. Es zeigt uns die Richtung. Und es verhindert, dass wir irgendwann denken, wir könnten (inzwischen) auch aus eigener Kraft die Himmelstüren aufstoßen.

Tag 29
Gebetbuch der Kirche

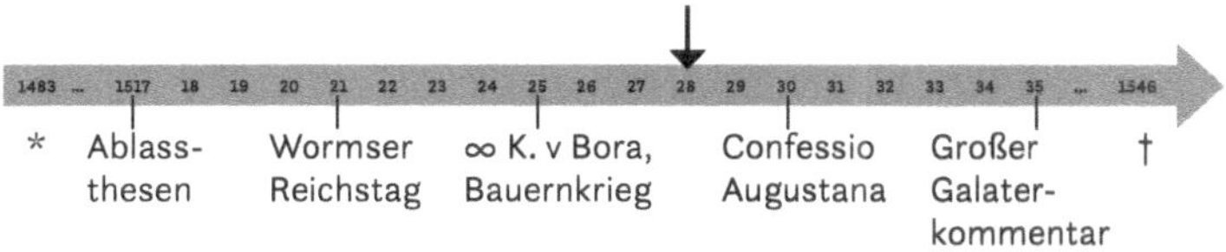

Denn ein menschlich Herz ist wie ein Schiff auf einem wilden Meer, welches die Sturmwinde von den vier Orten der Welt treiben. Hier stößt her Furcht und Sorge vor zukünftigem Unfall. Dort fähret Grämen her und Traurigkeit von gegenwärtigem Übel. Hier webt Hoffnung und Vermessenheit von zukünftigem Glück. Dort bläset her Sicherheit und Freude in gegenwärtigen Gütern.

Was ist aber das meiste im Psalter denn solch ernstlich Reden in allerlei solchen Sturmwinden? Wo findet man feiner Wort von Freuden, denn die Lobpsalmen und Dankpsalmen haben? Da siehest du allen Heiligen ins Herz, wie in einen schönen, lustigen Garten, ja wie in den Himmel, wie feine, herzliche, lustige Blumen darinnen aufgehen von allerlei schönen, fröhlichen Gedanken gegen Gott um seine Wohltat.

Wiederum, wo findest du tiefer, kläglicher, jämmerlicher Wort von Traurigkeit, denn die Klagepsalmen haben? Da siehest du abermal allen Heiligen ins Herz, wie in den Tod, ja wie in die Hölle. Wie finster und dunkel ists da von allerlei betrübtem Anblick des Zornes Gottes. Also auch, wo sie von Furcht oder Hoffnung reden, brauchen sie solcher Worte, daß dir kein Maler also könnte Furcht oder Hoffnung abmalen und kein Cicero oder Redkundiger also vorbilden.

Summa, willst du die heilige christliche Kirche gemalet sehen mit lebendiger Farbe und Gestalt, in einem kleinen Bilde gefasset, so nimm den Psalter vor dich, so hast du einen feinen, hellen, reinen Spiegel, der dir zeigen wird, was die Christenheit sei. Ja, du wirst auch dich selbst drinnen und das recht Gnotiseauton finden, dazu Gott selbst und alle Kreaturen.

(Aus der *Vorrede auf den Psalter*, 1528)

„Desgleichen hilft auch der Geist unserer Schwachheit auf. Denn wir wissen nicht, was wir beten sollen, wie sich's gebührt, sondern der Geist selbst tritt für uns ein mit unaussprechlichem Seufzen. Der aber die Herzen erforscht, der weiß, worauf der Sinn des Geistes gerichtet ist; denn er tritt für die Heiligen ein, wie Gott es will." (Römer 8,26-27)

Ihr leerer Blick fiel auf die alte, zerlesene Bibel, die auf dem mit einem weißen Spitzendeckchen bedeckten runden Beistelltischchen neben ihrem Sessel lag. „Ja, ich sollte noch ..., sollte noch ... beten ..." Die alte Frau saß in dem kleinen Zimmerchen mit den Familienfotos an der Wand und den wenigen persönlichen Möbeln, die ihr geblieben waren. Acht Jahre war sie schon in dem Heim, aber Heimat, nein, Heimat war das nicht. Mit zittrigen Fingern fischte sie ihre Lesebrille aus dem Etui, wollte eine von ihren Lieblingsstellen lesen nach dem Gebet. Wenn sie einen guten Tag hatte, betete sie noch immer treu für ihre Familie, einige Freunde in ihrer alten Gemeinde und die nette Missionsschwester in Südamerika. Aber heute war kein guter Tag. Sie suchte nach Worten, aber fand keine, saß einfach nur da. Eine einsame Träne rollte ihre Wange herab. Dasitzen. Warten. Stunden, Tage, Wochen, Monate. Niemand würde an ihre Tür klopfen, außer der Altenpflegerin. „Wenn der Albert noch leben würde, der hätte heute bestimmt längst Familie, ach, seine Kinder wären doch auch schon verheiratet ... aber er würde mich besuchen. Bestimmt." Ihr ältester Sohn war schon als junger Student gestorben, in den Achtzigern. Ein Unfall. Eltern sollten nicht ihre Kinder begraben müssen ... Und ihr anderer Sohn, der lebte mit seiner Familie in Süddeutschland. Da kam bestenfalls mal eine Karte. An Tagen wie diesen fühlte sie sich so traurig und so unendlich müde. Ja, sie hatte ihren Glauben. Aber Gott schien so weit weg zu sein. Sie hatte keine Kraft, ein Gebet zu formulieren. Unbewusst hatte sie die Bibel aufgeschlagen, und als ihr Blick auf einen der Psalmen von König David fiel, begann sie mit leiser, stockender Stimme zu lesen, zu beten …

Es war kein überirdischer Friede, der in das Herz der alten Frau fiel. Ihre Trauer und Einsamkeit verschwanden nicht. Aber sie fühlte sich etwas mehr verstanden von Gott und etwas weniger allein. Nur ein schwaches Gebet mit den Worten eines Psalms, mit schwerem Herzen und abschweifenden Gedanken – aber auf der anderen Seite des Vorhangs, in einer größeren Wirklichkeit, da war dieses Gebet der Alten die eindringlichste aller Bitten und der größte Lobpreis vor dem Thron Gottes, und auch die Chöre der Engel hielten einen Augenblick in ihrem Gesang inne, um darauf zu lauschen.

In den Psalmen blicken wir allen Heiligen ins Herz und wir gehören selbst mit dazu, können uns darin finden. „Gnotiseauton", wie Luther auf Griechisch sagt, bedeutet „Erkenne dich selbst". Die Psalmisten sind schonungslos ehrlich, beschönigen nichts. Sie versuchen nicht, vor Gott Haltung zu bewahren. Manchmal schreien sie ihre Emotionen heraus und wir als Ausleger fragen uns, wie wir denn bloß mit den Rachepsalmen umgehen sollen. Aber sie dürfen Gott alle Gefühle bringen. Ungefiltert. Er hört zu, fühlt mit, freut sich mit, trauert mit. Gott ist unser Vater. Und er weiß, wie es ist, Mensch zu sein. Er wollte, dass dieses Psalmenbuch das Gebetbuch der Kirche wird. Wir finden uns darin. Und wenn wir keine Worte finden, dann dürfen wir die Worte der Psalmen zu den unseren machen. Und wenn wir mit leerem Kopf dasitzen, dann dürfen wir einfach vor Gott dasein und wissen, dass der Heilige Geist uns vertritt mit unaussprechlichem Seufzen.

- Habe ich einen Lieblingspsalm, den ich womöglich auswendig kann? Wenn nicht, was hindert mich, heute nach einem zu suchen?

- Wie kann ich mit Gott reden? Wie mir der Schnabel gewachsen ist. Aber ich kann in den Psalmen lernen, wie andere Gläubige es getan haben. Die Psalmisten sind keine gemalten Heiligen, sondern schwache Menschen mit einem großen Gott. Wie wir.

- Welche Psalmen oder vorformulierten Gebete können mir die Worte fürs Gebet geben, wenn ich selbst keine finde?

Tag 30

Martin und Käthe

141. Im Anfang der Ehe

Das erste Jahr der Ehe macht einem (Ehemann) seltsame Gedanken. Sitzt er am Tisch, so denkt er: Früher warst du allein, jetzt selbander (= zu zweit); beim Erwachen im Bett sieht er ein paar Zöpfe neben sich liegen, die er früher nicht sah.

So saß meine Käthe anfangs bei mir, während ich studierte, und beim Spinnen fing sie an zu fragen: „Herr Doktor, ist der Hochmeister des Markgrafen Bruder?"

658. Einigkeit und Uneinigkeit in der Ehe

Doktor Martinus sagte mit Seufzen: „Lieber Gott, was für Mühe haben wir allein mit den Ehesachen! Wieviel Mühe und Arbeit kostet es, bis man sie zusammenbringt und danach viel größere Sorge, daß man sie beieinander behält! Adams Fall hat die menschliche Natur so sehr verderbt, daß sie ganz unbeständig geworden ist. Sie läuft hin und her wie Quecksilber. O, wie gut steht's, wenn Eheleute miteinander zu Tisch und Bett gehen, wenn sie auch zuweilen miteinander murren – das sind die Begleiterscheinungen der Ehe! Adam und Eva werden sich die neunhundert Jahre oft wacker gegenseitig gescholten haben: Du hast den Apfel gefressen! Und dagegen: Warum hast du ihn mir gegeben? Denn ohne Zweifel sind (ihnen) im Laufe eines so langen Lebens zahllose Übel mit Seufzen zugestoßen von jenem Fall her. Es wird ein wunderliches Regiment gewesen sein, wie auch das erste Buch Moses ein wunderbares Buch der Weisheit und der Vernunft ist."

Da sprach einer: „Wenn jetzt ein Weib einem Mann so täte, er würde ihrs schwerlich vergeben." – Der Doktor antwortete: „Wenn sie es täte als eine Närrin, was sollte er denn draus machen? Glückselig der Mann, der in einer glücklichen Ehe lebt, obwohl sie ein seltenes Geschenk ist."

(Aus den *Tischreden*)

„Und Gott der HERR sprach: Es ist nicht gut, dass der Mensch allein sei; ich will ihm eine Hilfe machen, die ihm entspricht." (1. Mose 2,18)

„Viele Wasser können die Liebe nicht auslöschen noch die Ströme sie ertränken. Wenn einer alles Gut in seinem Hause um die Liebe geben wollte, würde man ihn verachten?" (Hoheslied 8,7)

Für diesen Text gehen wir wieder einige Jahre zurück zu Luthers Heirat 1525. Wie hatte Doktor Martinus es nur geschafft, neben den Wirren des Bauernkrieges noch zu einer Ehefrau zu kommen? Gesucht hatte er sie nicht gerade ... Luther lebte noch im Augustinerkloster, dessen andere Mönche sich unter dem Eindruck der reformatorischen Theologie in alle Winde zerstreut hatten. Die Kutte hatte er schließlich abgelegt, doch war seine Motivation, sich zu verehelichen, wenig romantisch: Wenn er für seinen Glauben sterben würde, dann wollte er den anderen Protestanten mit einer Heirat noch ein gutes Vorbild sein. Aber wen sollte er denn ... Die Geschichte ist tatsächlich recht romantisch. Aus dem Nonnenkloster Nimbschen wollten einige Schwestern austreten, und das bedeutete damals, dass sie fliehen mussten. Luther half ihnen dabei und man sagt, die Nonnen konnten in den Heringsfässern auf einem Händlerwagen aus dem Kloster entwischen. Sie kamen in Wittenberg unter und dann nach und nach entweder unter die Haube oder kehrten zu ihren Familien zurück. Hier hat es mit der Romantik leider schon wieder ein Ende. Katharina von Bora, eine der entlaufenen Nonnen, hatte sich in einen Patriziersohn verliebt, der damals in Wittenberg weilte. Dies beruhte auf Gegenseitigkeit und er kehrte schließlich in seine Heimatstadt zurück, um seinen Eltern von seinen Heiratsplänen zu berichten. Katharina hörte nichts mehr von ihm. Die Widerstände zu Hause waren zu stark gewesen. Wo sollte sie nun hin? Luther hatte durchaus daran gedacht, eine der ehemaligen Ordensschwestern zu heiraten, doch wäre seine Wahl eher auf Ave von Schönfeld gefallen als auf die ziemlich resolute Katharina, die er angesichts ihrer Willensstärke später auch „Herr Käthe“ nennen konnte. Für Katharina kam für eine Heirat nur entweder Luther selbst oder sein Mitarbeiter Amsdorff infrage. Ob Luther sich ihrer nun tatsächlich nur „erbarmt“ hat oder doch auch eine gewisse Anziehung zwischen den beiden bestand – aus Katharina von Bora wurde Käthe Luther. Die anfängliche Vernunftehe wurde ausgesprochen glücklich. Luther hatte vielleicht nicht die Frau bekommen, die er sich gewünscht hatte, aber genau die, die er gebraucht hatte.

Es ist nicht gut, dass der Mensch allein sei. Der Adam nicht, der Luther nicht und wir ebenso wenig. Martin Buber schrieb: „Alles wahre Leben ist Begegnung.“ Gewiss, die Ehe ist immer auch ein Risiko. Zwei Menschen, die zusammenbleiben wollen, müssen bereit sein, Kompromisse zu machen, bereit sein, aneinander festzuhalten, wenn Schwierigkeiten kommen. Aber es lohnt sich. Es ist nicht gut, dass der Mensch allein sei. Der Satz muss sich nicht allein auf die Ehe beziehen. Wir brauchen Gemeinschaft. Aber nicht jeder findet einen Ehepartner. Ein Gegenüber für uns können auch gute Freunde sein. Familienanschluss. Oder auch eine christliche Kommunität. Das gemeinsame Leben war nicht der Punkt, an dem Luther am Ordensleben Kritik übte. Problematisch war, dass viele Ordensleute mit ihrer Lebensform besondere Verdienste vor Gott erwerben wollten. Davon abgesehen war und ist viel Gutes daran. Es ist nicht gut, dass der Mensch allein sei. Das gilt auch für christliche Gemeinden. Menschen brauchen Gemeinschaft. Auch die Singles. Auch die Alten.

» Könnte es neben Ehe und Familie bei uns Formen der Gemeinschaft geben, bei denen niemand durchs soziale Netz fällt?

» Interessiert es uns, wie Alleinstehende in unserer Gemeinde mit ausgesprochenen Familienfesten wie Weihnachten umgehen? Wie können wir sie an solchen Tagen mit in unsere Familien hineinnehmen?

Tag 31
Wunderbare Quälgeister

680. Unbegreifliche Elternliebe

Zu einem Kindlein, das er in Händen trug, sprach er also: „Womit hast du's verdient und warum soll ich dich so lieb haben, daß ich dich zum Erben meiner Habe mache? Mit Sch …., Pinkeln, Weinen und daß du das ganze Haus mit Geschrei erfüllst, daß ich so sorgfältig für dich sein muß?"

681. Die Hilfe der Eltern

So groß ist die Wirksamkeit der Liebe und die Sorge der Eltern für die Kinder, daß sie dieselben um so eifriger schützen und pflegen, je mehr sie des Beistandes und der Hilfe der Eltern bedürfen. Darum ist Martinchen jetzt mein liebster Schatz, da er meine Mühe mehr braucht als Johannes oder Magdalene, die nunmehr sprechen und fordern können, deshalb solche Sorge nicht mehr nötig haben."

682. Segen Luthers über eines seiner Kinder

Gehe schlafen, liebes Kindchen, und sei nur fromm! Geld will ich dir nicht lassen, aber einen reichen Gott will ich dir lassen, nur sei fromm!

683. Die Kinder Gottes Närrlein

Dann sagte er zu seinem Kinde: „Du bist unsres Herrgotts Närrlein und bist unter der Gnade und der Vergebung der Sünden, nicht unter dem Gesetz. Du fürchtest nichts; wie du's machst, so ist's unverderbt."

(Aus den *Tischreden*)

„Ich will euch trösten, wie einen seine Mutter tröstet; ja, ihr sollt an Jerusalem getröstet werden." (Jesaja 66,13)

„Da wurden Kinder zu ihm gebracht, dass er die Hände auf sie legte und betete. Die Jünger aber fuhren sie an. Aber Jesus sprach: Lasset die Kinder und wehret ihnen nicht, zu mir zu kommen; denn solchen gehört das Himmelreich." (Matthäus 19,13-14)

Luthers Leben hat sich durch den Übergang von einem Junggesellenhaushalt zum Vorbild der späteren evangelischen Pfarrhäuser gründlich geändert. Doktor Martinus hatte einen Diener, der sich bei der Versorgung seines Herrn nicht gerade überschlagen hatte. So hatte der Reformator, ohne es zu merken, auf einem Strohsack geschlafen, der schon schimmelte. Damit war jetzt Schluss. Vor allem aber nahm Käthe ein Grundproblem des lutherschen Haushalts in Angriff: Martin war ein großzügiger Gastgeber und neigte dazu, mehr Geld auszugeben, als er hatte. Käthe war nicht nur resolut, sondern auch ziemlich geschäftstüchtig, und bemühte sich für den Rest von Luthers Leben, ganz pragmatisch für genügend Einnahmen zu sorgen. Wie sein Segen im Text oben zeigt, wurden die beiden damit nicht reich – aber Käthe war es zu verdanken, dass sie über die Runden kamen. Im Laufe der kommenden Jahre fand sich Luther inmitten einer wachsenden Kinderschar wieder. Er war ein liebevoller Vater, der auch manches Leid zu tragen hatte, etwa den Tod einer Tochter, die schon im Kindesalter starb. Es machte ihn auch nicht gerade glücklich, dass einer seiner Söhne ausgerechnet Jurist wurde – ein Berufsstand, der ihm wegen Streitigkeiten mit den kurfürstlichen Hofjuristen mit der Zeit herzlich unsympathisch geworden war. Dennoch, Doktor Martinus war glücklich im Kreis seiner Familie und seine Rolle als Vater hat ihm manche tiefen geistlichen Einsichten gebracht.

Es wird nicht verkehrt sein, wenn wir von Luthers Aussagen über das Wesen der Elternliebe auch auf die Liebe unseres himmlischen Vaters zurückschließen. Gott ist der Schenkende und er schenkt uns seine unverdiente Gnade. Die kleinen Kinder haben sich die Liebe ihrer Eltern nicht verdient. Das könnten sie gar nicht. Alles, was sie haben, ist ihre Bedürftigkeit in allem, Tag und Nacht. Wenn schon die Eltern ihre Kinder lieben und versorgen, ohne etwas anderes dafür zurückzuerhalten als die Liebe und das Lächeln der Kleinen – was können wir dann erwarten von einem Gott, der die Liebe selbst ist und möchte, dass wir ihn Vater nennen? Die Liebe der Eltern wird nur noch stärker, wenn ihre Kinder sie mehr brauchen. Gott wendet sich nicht enttäuscht ab, wenn wir uns von ihm entfernen. Seine Liebe wird stärker und wie der Vater des verlorenen Sohnes wartet er auf uns. Er könnte uns niemals vergessen.

Einen solchen Gott zu haben, ist ein Reichtum, der alle irdischen Güter weit übertrifft, die Eltern ihren Kindern vererben könnten. Ob wir wohlhabend sind oder arm, wir haben unseren Kindern etwas zu geben, was kein Geld der Welt kaufen kann, und das ist das Wissen um einen Vater im Himmel, der sie noch viel mehr liebt, als wir es jemals könnten. Einen Vater, in dessen Armen sie geborgen sind. In alle Ewigkeit. Die Kinder nennt Luther „Gottes Närrlein". Kinder sind nicht so vernünftig, pragmatisch und abgeklärt wie Erwachsene – aber auch nicht so abgebrüht, zynisch und resigniert. Kinder sind argloser, können noch staunen, können das Unerwartete annehmen, ohne es gleich in feste Schubladen einzuordnen. Kein Kind käme auf den Gedanken, sich seiner Bedürftigkeit zu schämen. Sie können sich beschenken lassen und das ist gerade die Haltung, die Gott sich von uns allen wünscht. Kinder sind nicht einfach unfertige Erwachsene. Sie haben einen klaren Blick für manches, für das die meisten Erwachsenen blind geworden sind. Man sieht nur mit dem Herzen gut (Antoine de Saint-Exupery). Das ist schwer und kinderleicht. Es ist nicht verkehrt, sich ein Stück Kindlichkeit zu bewahren, gerade, wenn es um den Glauben geht.

» Ist mir schon einmal der Gedanke gekommen, dass ich von meinen Kindern oder von Kindern im Allgemeinen auch etwas lernen könnte?

» Gott gab seinen Sohn. Was das bedeutet, können viele von uns erst so ganz ermessen, wenn sie Eltern geworden sind.

» Was hindert mich heute, so zu Gott zu kommen wie ein Kind?

Tag 32

Leben aus dem Zuspruch

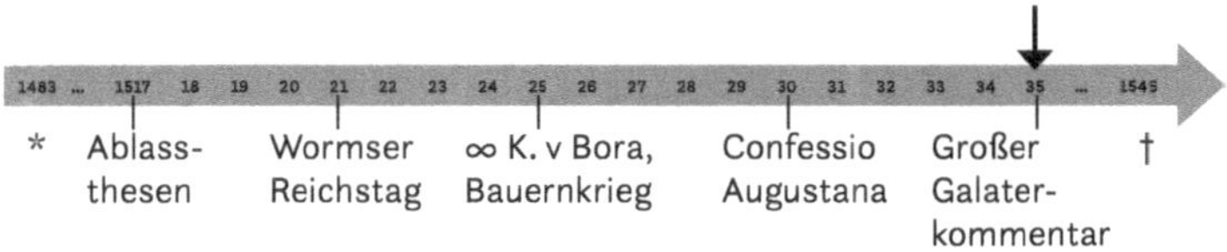

Als der barmherzige Gott sah, daß wir durchs Gesetz niedergeworfen werden und unter dem Fluch festgehalten sind, und daß wir durch nichts uns selbst befreien können, da sandte er seinen Sohn in die Welt und warf auf ihn unser aller Sünden und sprach zu ihm: Du sollst Petrus sein, jener Verleugner, du sollst Paulus sein, jener Verfolger, Lästerer und Gewaltmensch, du sollst David sein, jener Ehebrecher, du sollst jener Sünder sein, der die Frucht im Paradies aß, jener Räuber am Kreuz, in Summa: du sollst aller Menschen Person sein und sollst aller Menschen Sünde getan haben, du also sieh zu, wie du Lösung schaffst und für sie Genugtuung. Da kommt das Gesetz her und spricht: Ich finde jenen Sünder, der aller Menschen Sünde auf sich nimmt und außerdem sehe ich keine Sünde, außer in ihm, darum sterbe er am Kreuz. Und so fällt das Gesetz über ihn her und tötet ihn. Durch diese Tat ist die ganze Welt gereinigt und von allen Sünden entsühnt und darum ist auch volle Freiheit von dem Tod und allen Übeln vorhanden. Denn wenn die Sünde und der Tod aufgehoben sind durch diesen einen Menschen, dann möchte Gott für den Fall, daß man das glaubt, nichts anderes sehen als lauter Reinigung und Gerechtigkeit. Und wenn denn Reste der Sünde bleiben, so möchte Gott sie nicht sehen – da die Sonne, Christus, darüber leuchtet.

(Aus dem *Großen Galaterkommentar*, 1535)

„Dass aber durchs Gesetz niemand gerecht wird vor Gott, ist offenbar; denn ‚der Gerechte wird aus Glauben leben' (Habakuk 2,4).

Das Gesetz aber ist nicht ‚aus Glauben', sondern: ‚der Mensch, der es tut, wird dadurch leben' (3.Mose 18,5). Christus aber hat uns losgekauft von dem Fluch des Gesetzes, da er zum Fluch wurde für uns – denn es steht geschrieben (5.Mose 21,23): ‚Verflucht ist jeder, der am Holz hängt' – auf dass der Segen Abrahams zu den Heiden komme durch Christus Jesus und wir den verheißenen Geist empfingen durch den Glauben." (Galater 3,10-14)

Luther hat wunderbare Bilder für die Rechtfertigung gefunden, und es ist durchaus beabsichtigt, dass wir immer wieder zu diesem Thema zurückkehren. Wir lassen es niemals hinter uns und ich wage die Aussage, dass wir in unserem Leben als Christen nicht fortschreiten, ohne zugleich um dieses Zentrum zu kreisen. Luther konnte sagen, dass Christus ein seltener Gast in unserem Gewissen ist. Wir brauchen immer neu den Zuspruch des Evangeliums, damit sein Platz an unserem Tisch nicht nur ein lange unbenutzter Ehrenplatz ist, mit dem wir nur Erinnerungen verbinden. Würden wir nur am Anfang unseres Glaubensweges von Christus als dem Schenkenden hören, von Kreuz und Rechtfertigung, und dann unter Nachfolge nur ein aktionistisches Nachahmen verstehen, mit Christus als Vorbild, dann würde uns schnell die Puste ausgehen. Wir brauchen das Evangelium von der freien Gnade, von der Gerechtigkeit aus Glauben, nicht nur am Anfang des Laufes, sondern auch auf der ganzen Strecke und bis über die Ziellinie hin. Ohne den Zuspruch des Evangeliums würden wir einem Läufer gleichen, der zu Beginn des Rennens tief Luft holt, aber dann auf der ganzen Strecke zu atmen vergisst. Wir leben von der Rechtfertigung bis in unsere letzte Stunde und in die Ewigkeit hinein. Ein seltener Gast im Gewissen ist Christus vor allem für jene von uns, die, ähnlich wie Doktor Martinus, stärker zu Glaubens- und Selbstzweifeln neigen und Zeiten durchleben, in denen sie sich ihres Gottes und ihres Heils nicht gewiss sind. Aber auch für alle anderen ist es gut, die Botschaft von Kreuz und Gnade immer neu zu hören und sich ins Herz schreiben zu lassen. Für den Angefochtenen mögen es Zweifel an der fortgesetzten Liebe und Vergebung Gottes sein, die Christus aus dem Gewissen verdrängen. Oder das überwältigende Gefühl der eigenen Sünde und Unwürdigkeit, die Angst, nicht genug getan zu haben, nicht mithalten zu können. Oder der Eindruck, dass Gott so fern ist, vielleicht da, aber für mich nicht da, und dass mein Gebet nur bis zur Zimmerdecke reicht. Oder. Oder. Oder. Wer solche existenziellen Zweifel an sich selbst und an Gott nicht kennt, steht dafür in der Gefahr, dass er den Christus des Evangeliums schlicht aus den Augen verliert, vollauf beschäftigt mit den eigenen Plänen und Projekten, und die können durchaus frommer Natur sein. Ich kann so beschäftigt sein, die Effizienz der Arbeit in Gottes Weinberg zu verbessern, dass ich vergesse, wem der Weinberg gehört und wer allein die Frucht schenken kann. Wir schauen auf unsere Gaben und Kräfte, Möglichkeiten und Methoden. Auf das, was wir können, und auf das, was wir tun. Und wir tun eine Menge. Gott ist bestimmt stolz auf uns, zumindest eher als auf die Gemeinde zwei Straßen weiter, die irgendwie nichts auf die Reihe bekommt …

Wir sehen, wir können immer auf *zwei* Seiten vom Pferd fallen. So oder so, wir kommen nicht ohne den Zuspruch des Evangeliums aus. Gottes Gnade ist alle Morgen neu und das gilt auch für die Verkündigung dieser Gnade. Es gilt, immer wieder neu offen zu sein für diesen Gast in unserem Gewissen.

» Und die Momente, in denen sein Platz leer bleibt und wir darunter leiden? Ich denke, Glaube ist kein Zustand, in dem wir uns immer getröstet fühlen. Es gibt graue Momente, dunkle Momente, Momente der Leere. Aber unser Gefühl ist kein Messgerät für Gottes Liebe. Ich kann innerlich den Boden unter den Füßen verlieren – aber nicht, weil Gott mich verlassen hat, sondern, weil er mich trägt.

» Glaube ist: Wir schauen auf Christus und dann mögen tröstliche Gefühle kommen oder auch nicht. Aber er ist da. Er sieht uns. Er hält uns fest.

Tag 33
Wunder der Weihnacht

Was geschieht aber im Himmel über dieser Geburt? So verachtet sie ist auf Erden, so hoch und tausendmal mehr ist sie geehret im Himmel. Wenn ein Engel vom Himmel dich und deine Werk lobete, ists nicht so, du nähmest es für aller Welt Lob und Ehre? Achtest, du möchtest nicht genug Demut und Verachtung dafür tragen. Was ist denn das für eine Ehre, daß alle Engel im Himmel vor Freuden sich nicht halten können, brechen aus und lassen sich auch armen Hirten auf dem Feld hören, predigen, loben, singen und schütten aus ihre Freude über alle Maßen! Was ist aller derer zu Bethlehem Freud und Ehr gewesen, ja aller Könige und Herrn auf Erden gegen diese Freud und Ehre denn nur ein solcher Unflat und Greuel, des niemand gerne gedenkt, wenn er diese Freud und Ehre ansiehet? Siehe, wie gar überreichlich ehret Gott die, die da von Menschen verachtet und gern verachtet werden. Da siehest du, wo seine Augen hinsehen, nur in die Tiefe und Erniedrigung, wie geschrieben steht: Er sitzt über Cherubim und siehet in die Tiefe oder Abgrund. Die Engel konnten auch keine Fürsten noch Gewaltigen finden, sondern die ungelehreten Laien und allerniedrigsten Leut auf Erden. Konnten sie nicht die Hohenpriester, die Gelehreten zu Jerusalem ansprechen, die doch viel von Gott und Engeln wissen zu sagen? Nein, es mußten die armen Hirten würdig sein, solch groß Gnad und Ehre zu haben im Himmel, die auf Erden nichts waren. Wie gar verwirft doch Gott, was hoch ist, und wir toben und rasen nicht denn nach eitler Höhe, auf daß wir ja nicht im Himmel zu Ehren kommen. Immer und immer treten wir Gott aus seinem Gesicht, daß er uns ja nicht ansehe in der Tiefe, da er allein hinsiehet.

(Aus einer *Lutherpredigt: Evangelium in der Christmeß*)

„Und es waren Hirten in derselben Gegend auf dem Felde bei den Hürden, die hüteten des Nachts ihre Herde. Und des Herrn Engel trat zu ihnen, und die Klarheit des Herrn leuchtete um sie; und sie fürchteten sich sehr. Und der Engel sprach zu ihnen: Fürchtet euch nicht! Siehe, ich verkündige euch große Freude, die allem Volk widerfahren wird; denn euch ist heute der Heiland geboren, welcher ist Christus, der Herr, in der Stadt Davids." (Lukas 2,8-11)

Wie verschieden ist das, was wir Menschen so hochschätzen und entsprechend auch von Gott erwarten, von Gottes eigenem Maßstab. Der Mensch sieht, was vor Augen ist, aber Gott sieht das Herz an. Was schwach ist vor der Welt, das hat Gott erwählt – wie die Hirten auf dem Feld oder „die ungelehreten Laien und allerniedrigsten Leut auf Erden". Gott schafft sein Heil unter dem Anschein des Gegenteils.

Unsere Blicke gehen ganz schnell zu allem, was glänzt, was beeindruckt, was Erfolg verspricht. Durchorganisierte Gottesdienste mit Profis auf allen Positionen, moderne Technik, Musik, aus der auch der letzte Misston verbannt ist, die neuesten Methoden, vielleicht auch aus dem Geschäftsleben, messbare Erfolge. Gemeinde als ein gut geölter Mechanismus, der vielleicht sogar funktionieren würde, wenn wir gar kein Evangelium zu verkündigen hätten. Man kann in der Gestaltung des Gemeindelebens unterschiedliche Meinungen haben. Das Neue ist nicht falsch, weil es neu ist, das Alte nicht, weil es alt ist. Prüfet alles und das Gute behaltet. Aber eine Konstante bleibt: Dass ein Mensch zum Glauben findet, ist nichts, was wir „machen" können. Egal, wie weit wir in unseren Bemühungen an der Perfektionsschraube drehen. Das Wunder der Heiligen Nacht schien so gar nicht auf den maximalen Erfolg abzuzielen. Hirten als Zeugen? Die galten doch damals gar nichts … Das setzt sich mit dem bescheidenen Grüppchen von Fischern und Zöllnern fort, die Jesu Jüngerkreis bildeten, und findet seinen Höhepunkt an dem mittleren von drei

Kreuzen auf dem Hügel Golgatha. Aber das war gerade nicht das Ende. Gott schafft sein Heil unter dem Anschein des Gegenteils.

Es war Pastor Heinrich Kemner, der zu Beginn meines Theologiestudiums vor uns Studenten immer wieder betont hat, dass es vor Gott nicht auf den Erfolg ankommt, sondern auf die Frucht. Er hatte als pensionierter Pfarrer in dem kleinen Dorf Krelingen in der Lüneburger Heide ein großes christliches Werk aufgebaut, mit einer Menge an messbaren Erfolgen. Aber er blickte auf die Frucht, nicht die Erfolge. Erfolg können wir machen, Frucht muss geschenkt werden. Als er unseren Jahrgang bei unserem Abschlussgottesdienst in Krelingen gesegnet hat, kam er auch auf die Studenten zu sprechen, die durch die Prüfung gerasselt waren. Ich werde nie vergessen, wie er sagte, dass eine misslungene Prüfung trotzdem für den Himmel bestanden sein kann. Gott misst mit einem anderen Maßstab. Und er schafft sein Heil unter dem Anschein des Gegenteils.

Weihnachten heißt: In der Mitte der Zeit brach der ewige Gott ein in unsere arme, gottlose Wirklichkeit. Gott wurde Mensch. Das Wort wurde Fleisch. Mythos wurde Faktum (C. S. Lewis). Wenn eine historische Tatsache ewige Bedeutung hat, dann diese. Aber er tat es in der Gestalt eines kleinen Kindes in einer Futterkrippe, in einem unbedeutenden Ort, einem unbedeutenden Vasallenkönigreich der Römer. Kaiser Augustus in seinem Palast hörte nie davon. Gott ging in unseren Schuhen, bis ans Kreuz, in den Tod und wieder heraus. Äußerlich eine weitere Hinrichtung unter römischer Herrschaft, aber in Wahrheit der Wendepunkt der Wirklichkeit, der Sieg über den Tod. Die Welt würde nach Kreuz und Auferstehung Jesu Christi niemals mehr dieselbe sein. Äußerlich scheint sich nicht viel verändert zu haben, aber in Wahrheit alles. Die Weiche ist gestellt und der nächste Halt unseres Weltenzuges ist der Neue Himmel und die Neue Erde.

» Warum hat Gott zu unserer Erlösung wohl diesen Weg der Niedrigkeit gewählt?

» Wie können wir mehr dort zu finden sein, wo Gott „allein hinsiehet"?

Tag 34
Weihnachten – für mich

Uns, uns, uns geboren und uns gegeben. Darum siehe zu, daß du aus dem Evangelium nicht allein nehmest Lust von der Historie an sich. Denn die besteht nicht lang. Auch nicht allein das Exempel; denn das haftet nicht ohn den Glauben, sondern siehe zu, daß du die Geburt dir zu eigen machest und mit ihm wechselst, daß du deiner Geburt loswerdest und seine überkommst, welchs geschieht, so du also glaubest; so sitzest du gewißlich der Jungfrauen Marien im Schoß und bist ihr liebes Kind. An dem Glauben hast du zu üben und zu bitten, dieweil du lebest, kannst ihn nimmer genugsam stärken. Das ist unser Grund und Erbgut, darauf dann die guten Werk zu bauen sind. Wenn nun also Christus dein worden ist und du durch ihn in solchem Glauben bist rein worden, hast dein Erb und Hauptgut empfangen ohn allen dein Verdienst, wie du siehest, sondern aus lauter Gottesliebe, der seines Sohnes Gut und Werk dir zu eigen gibt. Da folgt nun das Exempel guter Werk, daß du deinem Nächsten auch tuest, wie du siehest, daß dir Christus getan hat. Hie lehren sich nun die guten Werk selbst; denn sag an, was hat Christus für gute Werk? Ists nicht wahr, daß sie allzumal darum gut sind, daß sie dir zugut geschehen sind, um Gottes willen, der ihm befohlen hat, solche Werk dir zugut zu wirken, und also ist Christus dem Vater darin gehorsam gewesen, daß er uns geliebt und gedienet hat.

Siehest du hie, daß er uns geliebt und alle seine Werk uns getan, darum daß wir wiederum nicht ihm (denn er bedarfs nicht), sondern unserm Nächsten auch also tun sollen. Das ist sein Gebot, das ist unser Gehorsam; also macht der Glaub, daß Christus unser ist, und seine Liebe macht, daß wir sein sind. Er liebt, so glauben wir, da wird ein Kuchen draus. Wiederum, unser Nächster glaubt und wartet unserer Lieb, so sollen wir auch ihn lieben und nicht lassen ihn umsonst unser begehren noch warten. Es ist gleich eins wie das andre, Christus hilft uns, so helfen wir unserm Nächsten und haben alle gnug.

(Aus einer *Lutherpredigt: Evangelium in der Christmeß*)

„Und da die Engel von ihnen gen Himmel fuhren, sprachen die Hirten untereinander: Lasst uns nun gehen gen Bethlehem und die Geschichte sehen, die da geschehen ist, die uns der Herr kundgetan hat. Und sie kamen eilend und fanden beide, Maria und Josef, dazu das Kind in der Krippe liegen. Da sie es aber gesehen hatten, breiteten sie das Wort aus, welches zu ihnen von diesem Kinde gesagt war." (Lukas 2,15-17)

„Uns, uns, uns geboren und uns gegeben." – „Schon wieder Weihnachten", denkt Herr Müller, während er sich in den Strom der Menschen in der Einkaufszone einreiht. Er hat den Schirm aufgespannt und weicht vorsichtig einer Pfütze aus. Wassertropfen perlen von seinem schwarzen Herrenschirm ab und von den Mantelsäumen nicht ganz so gut geschützter Passanten. Es tropft von den Buden des Weihnachtsmarktes mit ihren Glühbirnen und Tannenzweigen. Aus einem fernen Lautsprecher dringt „Süßer die Glocken nie klingen" an seine Ohren, ohne sich einen Weg in seinen Kopf zu bahnen. „Wenn es statt diesem Mistwetter wenigstens schneien würde …" Aber auch damit halten sich seine Gedanken nicht lange auf. Zu viele Listen wollen durchgegangen und mit Häkchen versehen werden. Geschenke für Ursula und die Kinder, Ersatz für den Adventskranz, der gestern ein Opfer der Zündelei der Letzteren geworden ist. Gott sei dank ist nichts passiert … Ein Präsent für Tante Marie, für den Besuch im Altenheim am ersten Weihnachtstag. Und dann noch in die Autowerkstatt zur Inspektion. Wer war nur auf die Idee gekommen, dass sie zwischen Weihnachten und Neujahr zum Skilaufen fahren sollten? „Mann, wenn das alles schon über die Bühne wäre. Hatte mir Weihnachten nicht einmal wirklich Freude gemacht, damals als Kind?" Nebelhafte Erinnerungen steigen in ihm auf. „Wir warten aufs Christkind", Christbaumkugeln, Lichterglanz, Weihnachtslieder. Alles so weit weg …

Herr Müller sitzt mit der Familie im Heiligabendgottesdienst. Der prächtige Weihnachtsbaum ist wieder mit den kunstvollen Strohsternen behängt, die der alte Herr Wetzlaff jedes Jahr mitbringt. Weihnachtsanspiel und Predigt sind schon an Herrn Müller vorbeigerauscht. Nun zieht ihn seine Frau am Ärmel in die Höhe, während alle im Stehen „Oh du fröhliche" singen. Der Gottesdienst. Wieder ein Häkchen für die Liste. „Weihnachten hat doch etwas bedeutet. Für mich." Nicht eine Reihe von Pflichtveranstaltungen, bei denen man funktionieren musste. Eine stille, eine heilige Nacht. Ein echter Glanz unter allem Glitter und Spektakel. Echte Freude, echtes Beschenkt-Sein. Es ist immer noch da. Wenn man nicht daran vorbeiläuft. Müller lächelt. „Wenn ich nicht daran vorbeilaufe."

Das Wunder der Weihnacht ist ein Wunder Gottes für mich. Persönlich. Das Kind in der Krippe ist das eigentliche Geschenk für jeden Einzelnen von uns. Luther wagt es, die Inkarnation mit dem Gedanken des fröhlichen Wechsels zu verbinden. Christus ist unser Stellvertreter. Wir werden mit ihm ein Kuchen. Also dürfen wir, darf ich mich in ihm sehen. Wir liegen selbst in Marien Schoß, sind in Christus mit hineingenommen in die Erlösung. Davon leben wir und daraus können die guten Werke fließen. Aber sie werden niemals zur Grundlage unserer Seligkeit. Wo wir in Bezug auf die guten Werke in unserem Gewissen wiederum die Stimme des Gesetzes vernehmen, wird unser Blick zurückgelenkt auf das Geschenk. Er für uns, in unserer armen Gestalt. Wir in ihm, allein durch den Glauben.

» Weihnachten ist das Fest der Liebe – aber nicht nur in einem allgemein mitmenschlichen Sinne. In Christus ist sie Mensch geworden, für mich und dich.

» Wie könnte ich in der nächsten Weihnachtszeit den Raum finden, mich von ihm beschenken zu lassen?

Tag 35
Die da oben

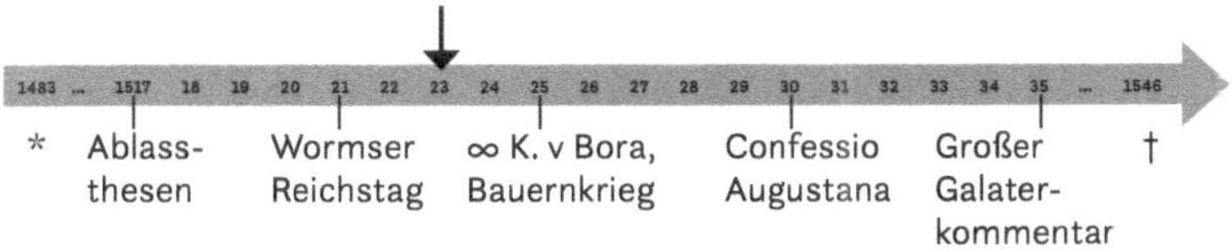

Aufs erst muß er ansehen sein Untertanen und daselbst sein Herz recht schicken. Das tut er aber dann, wenn er all seinen Sinn dahin richtet, daß er denselben nützlich und dienstlich sei, und nicht also denke: Land und Leut sind mein, ich wills machen, wie mirs gefället; sondern also: Ich bin des Lands und der Leut, ich solls machen, wie es ihnen nütz und gut ist. Nicht soll ich suchen, wie ich hoch fahre und herrsche, sondern wie sie mit gutem Fried beschützt und verteidigt werden. Und soll Christum in sein Augen bilden und sagen: Siehe, Christus, der oberste Fürst, ist kommen und hat mir gedienet, nicht gesucht, wie er Gewalt, Gut und Ehre an mir hätte, sondern hat nur mein Not angesehen und alles daran gewandt, daß ich Gewalt, Gut und Ehre an ihm und durch ihn hätte. Also will ich auch tun: nicht an meinen Untertanen das Meine suchen, sondern das Ihre, und will ihnen auch also dienen mit meinem Amt, sie schützen, anhören und verteidigen, und allein dahin regieren, daß sie Gut und Nutz davon haben und nicht ich. Daß also ein Fürst in seinem Herzen sich seiner Gewalt und Obrigkeit entäußere und nehme sich an der Notdurft seiner Untertanen und handle darinnen, als wäre es sein eigen Notdurft. Denn also hat uns Christus getan, und das sind eigentlich christlicher Liebe Werk.

Mir ist genug, wenn ich anzeige, daß es nicht unmöglich sei einem Fürsten, ein Christ zu sein, wiewohl es selten ist und schwerlich zugehet. Denn wo sie sich also drein schicken, daß ihr Tanzen und Jagen und Rennen den Untertanen ohn Schaden wäre, und sonst ihr Amt gegen sie in der Liebe ließen gehen, würde Gott nicht so hart sein, daß er ihnen Tanz und Jagd und Rennen nicht sollt gönnen.

(Aus *Von weltlicher Obrigkeit, wie weit man ihr Gehorsam schuldig sei,* 1523)

„Jedermann sei untertan der Obrigkeit, die Gewalt über ihn hat. Denn es ist keine Obrigkeit außer von Gott; wo aber Obrigkeit ist, ist sie von Gott angeordnet. So gebt nun jedem, was ihr schuldig seid: Steuer, dem die Steuer gebührt; Zoll, dem der Zoll gebührt; Furcht, dem die Furcht gebührt; Ehre, dem die Ehre gebührt." (Römer 13,1.7)

„Man muss Gott mehr gehorchen als den Menschen." (Apostelgeschichte 5,29b)

Die Obrigkeit zu Luthers Zeiten unterschied sich sehr von unserem heutigen, modernen Staat. Luthers oberster Herr war der Kaiser des Heiligen Römischen Reiches deutscher Nation, Karl V., aber dies galt nur in der Theorie. Das Reich war kein zentralisierter Staat, sondern ein Flickenteppich aus vielen Fürstentümern, deren Fürsten die eigentliche politische Macht besaßen. Nach seiner Obrigkeit befragt, hätte Luther die Grafen von Mansfeld genannt, auf deren Gebiet er geboren wurde, und dann natürlich den Kurfürsten von Sachsen. Widerstand gegen den Kaiser war für Doktor Martinus dennoch ein Problem, mit dem er lange zu ringen hatte. Luthers Kurfürst, Friedrich der Weise, hatte seinen rebellischen, aber berühmten Wittenberger Professor eher verdeckt unterstützt. Unter dessen Nachfolgern, Johann dem Beständigen und dann Johann Friedrich dem Großmütigen, wandelte sich dies zu einer offenen Parteinahme für die evangelische Sache. Johann Friedrich sollte für seine Überzeugung nach der vorübergehenden Niederlage gegen den Kaiser sogar seine Kurwürde verlieren. Auf der anderen Seite verlor Luther aber, je länger, je mehr, auch an Einfluss auf die

Politik des Kurfürsten, der neben Dr. Martinus auch auf seine Hofjuristen hörte.

Was wir in unserem Text von Luther hören, erinnert an das Ethos des späteren aufgeklärten Absolutismus in Preußen, dessen König sich als erster Diener seines Staates betrachtete, freilich ohne die ausgesprochen christliche Färbung, die wir bei Luther finden. Seine Hochschätzung der fürstlichen Obrigkeit begünstigte das spätere Bündnis von Thron und Altar im zweiten Kaiserreich. Das Verhältnis der Reformation zur Obrigkeit konnte sich auch ganz anders gestalten, wie das Beispiel der Schweiz zeigt. Für Zwingli in Zürich und Calvin in Genf spielten Fürsten keine Rolle. Hier ging es darum, die Räte der Städte zu überzeugen. Die Entwicklung der reformatorischen Kirchen passte sich den Verhältnissen der Städte an, in denen es eher so etwas wie demokratische Selbstverwaltung gab. Die Gemeinden der Täufer hingegen, die Staat und Kirche konsequent trennen wollten, hatten im ausgehenden Mittelalter den schwersten Stand: Sie wurden verfolgt und mussten oft emigrieren.

Während diese Andachten Luthers politische Positionen nur streifen können, fällt doch ein Punkt ins Auge, der für uns heute unmittelbar relevant ist: Für Doktor Martinus ist die Politik kein moralfreier Raum. Seit Niccolo Machiavellis berühmter Schrift „Der Fürst" spricht man gern von der Realpolitik, in der alles erlaubt ist, was rational erfolgversprechend ist. Machiavellis Fürst kann skrupellos, grausam und hinterhältig sein, aber er ist außerordentlich effektiv. Luther betrachtet hier vor allem die Innenpolitik seines christlichen Fürsten, aber deutlich ist, dass ihm nicht alles erlaubt ist. Er ist ein Fürst unter Gott. Ihm sind Schranken gesetzt.

Politik ist nicht nur ein Schachspiel zwischen seelenlosen Akteuren, sondern wird von Menschen für Menschen gemacht. Jeder Mensch möchte fair behandelt werden und sich auf das Wort des anderen verlassen können. Die Obrigkeit sollte nicht ihrer eigenen Macht dienen, sondern den Menschen.

- » Wie würde die Politik wohl aussehen, wenn Ehrlichkeit und Gerechtigkeit schwerer wiegen würden als moralfreie Effizienz?

- » Wie kommt es, dass gerade viele entschiedene Christen besonders blind sind für die Gefahren, die von populistischen Bewegungen ausgehen? Sollte unser Glaube uns nicht mit etwas mehr Weisheit und Liebe auf die Welt um uns herum blicken lassen?

Tag 36
Das leidige Geld

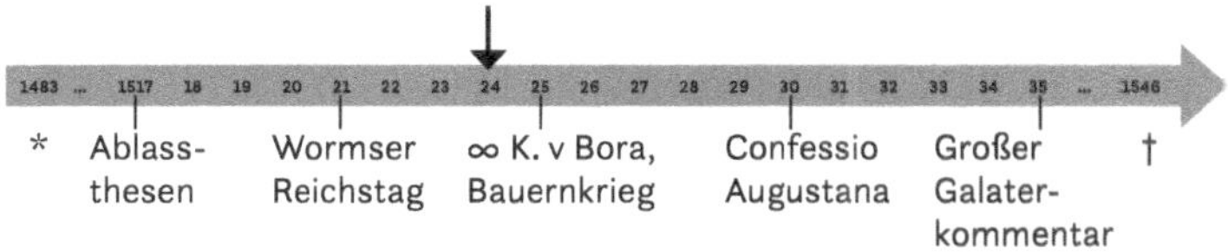

Wie sollt das immer mögen göttlich und recht zugehen, daß ein Mann in so kurzer Zeit so reich werde, daß er Könige und Kaiser auskaufen möchte? Aber weil sie es dahingebracht haben, daß alle Welt in Gefahr und Verlust muß handeln, heuer gewinnen, über ein Jahr verlieren, aber sie immer und ewiglich gewinnen und ihre Verluste mit ersteigertem Gewinn büßen können: Ists nicht wunder, daß sie bald aller Welt Gut zu sich reißen.

Könige und Fürsten sollten hier dreinsehen und nach gestrengem Recht solches wehren. Aber ich höre, sie haben Kopf und Teil daran, und geht nach dem Spruch Jesaiä 1,23: „Deine Fürsten sind der Diebe Gesellen worden." Dieweil lassen sie die Diebe hängen, die einen Gulden oder einen halben gestohlen haben, und hantieren mit denen, die alle Welt berauben und stehlen mehr denn alle andern, daß ja das Sprichwort wahr bleibe: Große Diebe hängen die kleinen Diebe; und wie der römische Ratsherr Cato sprach: „Schlechte Diebe liegen in Türmen und Stöcken, aber öffentliche Diebe gehen in Gold und Seide." Was wird aber zuletzt Gott dazu sagen?

Darum darf niemand fragen, wie er möge mit gutem Gewissen in den Gesellschaften sein. Kein ander Rat ist denn: Laß ab; da wird nichts anderes aus. Sollen die Gesellschaften bleiben, so muß Recht und Redlichkeit untergehen. Soll Recht und Redlichkeit bleiben, so müssen die Gesellschaften untergehen.

Nun weiß ich wohl, daß mein Schreiben übel gefallen wird, und werden vielleicht alles in Wind schlagen und bleiben, wie sie sind. Aber ich bin doch entschuldigt und habe das Meine getan, auf daß man sehe, wenn Gott nun mit der Rute kommen wird, wie redlich wirs verdienet haben.

(Aus *Von Kaufhandlung und Wucher*, 1524)

„Alle sieben Jahre sollst du ein Erlassjahr halten. So aber soll's zugehen mit dem Erlassjahr: Wenn einer seinem Nächsten etwas geborgt hat, der soll's ihm erlassen und soll's nicht eintreiben von seinem Nächsten oder von seinem Bruder; denn man hat ein Erlassjahr ausgerufen dem HERRN." (5. Mose 15,1-2)

Meine Generation kommt her von den Erfahrungen des 20. Jahrhunderts. Zwei Wirtschaftssysteme standen sich im Kalten Krieg gegenüber, das kommunistische und das kapitalistische. Das kommunistische System fußte auf der Arbeit des Einzelnen für das Gemeinwohl – und scheiterte am Eigennutz der Menschen, die einfach nicht so selbstlos waren. Das kapitalistische System arbeitete gerade mit diesem Eigennutz. Wenn jeder für seinen eigenen Vorteil arbeiten würde, würden alle unterm Strich so viel Reichtum erwirtschaften können, dass es allen besser gehen würde. Das System funktionierte und zumindest in einer sozialen Marktwirtschaft kam der erarbeitete Wohlstand auch breiten Bevölkerungsschichten zugute. Im 21. Jahrhundert stehen wir vor dem noch ungelösten Problem, wie wir ein auf grenzenloses Wachstum und verschwenderischen Ressourcenverbrauch ausgerichtetes Wirtschaftssystem mit dem drohenden Kollaps des globalen Klimas vereinbaren können.

Luthers Erfahrungen sind noch ganz andere. In seiner Vergangenheit lag das ständisch orientierte Gesellschaftssystem des Mittelalters, dessen Gilden dem unternehmerischen Ehrgeiz der Handwerker Grenzen setzten. Man hatte seinen Platz in der Arbeitswelt, aber den konnte man sich nicht unbedingt aussuchen. Das System war stabil, aber auch starr. Händler gab es, auch Fernhändler, aber deren Geschäft war risikoreich. Reine

Geldgeschäfte, bei denen man „das Geld arbeiten ließ", galten als verwerflich. Warum sollte jemand Gewinn machen, ohne mit seinen Händen zu arbeiten? Das Verleihen von Geld auf Zinsen war den Christen verboten. Diese Verhältnisse waren nun im Wandel, der Frühkapitalismus entwickelte sich. Bankhäuser wie die der Fugger entstanden, die gewaltige Summen einnahmen. Dies war im Interesse der Könige und Fürsten, die sich nun bei ihnen ebenso gewaltige Summen leihen konnten. Die Entwicklung löste natürlich bei manchem Zeitgenossen Unbehagen aus, auch bei Luther. Er war selbst der Sohn eines wirtschaftlichen Aufsteigers aus dem Bauerstand. Sein Vater hatte es als Pächter einer Kupfergrube in Mansfeld zu einem gewissen Wohlstand gebracht. Aber die Geldgeschäfte der Gesellschaften und Banken gingen Doktor Martinus zu weit.

Wir können nicht Luthers Sicht in Wirtschaftsfragen im Ganzen bewerten, aber doch Gedankenanstöße aus einer Umbruchszeit mitnehmen, die ein anderes Wertesystem und einen anderen Zeitgeist kannte als wir heute. Und wir können festhalten, dass das Geschäftsleben, ähnlich wie der politische Bereich, keinen moralfreien Raum darstellt. Wenn Luther schreibt, dass unsere guten Werke für unseren Nächsten geschehen sollen, dann spart das nicht die Frage aus, auf welche Weise wir unser Geld verdienen und wie wir es anlegen. Über Geld spricht man nicht. Schon gar nicht in der Gemeinde. Finanzen sind Privatsache. Aber wir sollten uns doch in unserem Gewissen, allein vor Gott, klarmachen, dass wir mit allem, was wir sind und haben, Gottes Eigentum sind. Wir sind seine Haushalter. Besitz disqualifiziert uns nicht vor Gott, aber wir sollten ihn in einer verantwortungsvollen Weise erwerben und verwalten. Dazu zwei vielleicht etwas unbequeme Gedankenanstöße:

» Gibt es Berufe, die es uns als Einzelnen von vornherein schwierig machen, unserem Nächsten gegenüber ehrlich zu sein?

» Könnten wir wacher dafür sein, auf welche Weise und auf wessen Kosten unsere Geldanlagen für uns arbeiten? Eine bereits vorhandene Möglichkeit dafür sind Ethikbanken, die Aktienfonds nach dem Kriterium zusammenstellen, inwieweit die jeweiligen Aktiengesellschaften an ihren Produktionsstandorten Rücksicht auf die Menschenrechte und/ oder ökologische Faktoren nehmen.

Tag 37

Erste Hilfe bei Anfechtung (1)

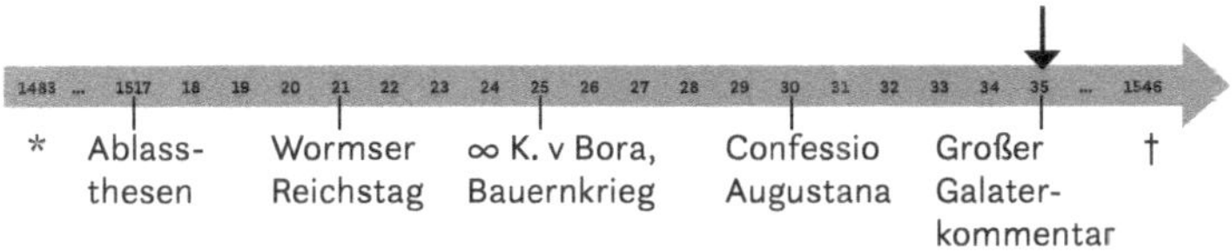

So ist der Christenmensch zugleich gerecht und Sünder, heilig und unheilig, Feind und Sohn Gottes.

Wir dagegen lehren auf folgende Weise und trösten den angefochtenen Sünder: Es ist unmöglich, Bruder, daß du in diesem Leben so vollkommen wirst, daß dein Leib hell leuchte ohne Makel wie die Sonne, nein, du behältst Runzeln und Fehler und bist dennoch ein Heiliger. Aber du sagst: Wie kann ich da ein Heiliger sein, wenn ich Sünde habe und fühle? Daß du deine Sünde fühlst und erkennst, ist gut, sage Gott Dank und verzweifle nicht. Es ist der eine Schritt zur Gesundheit, wenn der Kranke seine Krankheit erkennt und bekennt. Aber wie werde ich befreit werden von der Sünde? Lauf zu Christus, dem Arzt, der die zerschlagenen Herzen heilt und die Sünder rettet. An den glaube; wenn du glaubst, bist du gerecht, weil du Gott die Ehre gibst, daß er sei allmächtig, barmherzig, wahrhaftig etc. Du rechtfertigst und lobst Gott, Summa: Du gibst ihm die Gottheit und alles. Was in dir an Sünde übrig ist, wird nicht zugerechnet, sondern dir wegen Christus geschenkt, an den du glaubst, der völlig und vollkommen gerecht ist: seine Gerechtigkeit ist dann deine und deine Sünde ist seine.

Soviel auf die Worte ankommt, ist die Sache leicht. Es ist also nicht so wie Aristoteles lehrt, daß die Gerechtigkeit vollkommen in uns wohne; nein, die Gerechtigkeit ist außer uns in der Gnade allein und in der göttlichen Zurechnung; es ist keine Gerechtigkeitssubstanz in uns außer jener Schwachheit des Glaubens und den Erstlingen des Glaubens, weil wir angefangen haben an

Christus zu glauben, während doch allezeit wahrhaftig Sünde in uns bleibt.

(Aus dem *Großen Galaterkommentar*, 1535)

„Denn aus Gnade seid ihr gerettet durch Glauben, und das nicht aus euch: Gottes Gabe ist es, nicht aus Werken, damit sich nicht jemand rühme." (Epheser 2,8-9)

Nun, wo wir uns dem Ende unserer vierzigtägigen Reise durch Doktor Martinus' Leben nähern, kehren wir noch einmal für drei Andachten zu dem zentralen Thema zurück, das wir in der Theologie des reifen Luther finden: der Überwindung der Anfechtung, des existenziell durchlebten Glaubenszweifels, durch die Botschaft der freien Gnade. Luthers Theologie ist eine zutiefst seelsorgerliche Theologie. Hier spricht einer, der die Anfechtung aus eigenem Erleben kennt, und für ihn ist die *tentatio*, die Anfechtung, kein Sonderfall der christlichen Erfahrung, sondern der normale Weg zum Wachstum im Glauben. Wir müssen uns dies nicht so vorstellen, als wäre er ständig vom Dunkel der Anfechtung umgeben gewesen. Sein Glaube hatte Höhen und Tiefen und er konnte durchaus davon sprechen, dass er einen lebendigen, tätigen Glauben auch erfahren habe. Nur – in der Anfechtung kam die Erfahrung an ihre Grenzen, ja es galt, gegen die Erfahrung zu glauben, mit einem Glauben, der mehr war als nur ein Gefühl, dem Blick auf Christus, einem Glauben, der nicht mehr, aber auch nicht weniger war als das Nehmemittel, mit dem wir Christi Gerechtigkeit ergreifen. Ein Glaube, der kein Werk war, nicht einmal fühlbar, sondern der schlichte Akt, sich von Christus beschenken zu lassen. Es ging nicht um einen „starken Glauben", nicht um etwas, das wir leisten oder Gott bringen konnten. Nur um Bettlerhände. Luther selbst, so kämpferisch und polemisch er gegenüber seinen theologischen Gegnern war, war ein wunderbarer Tröster der Angefochtenen. Seinem sterbenden Vater sandte er einen Trostbrief und half vielen seiner Zeitgenossen in ihren Gewissensängsten, im Gespräch, in Briefen und Schriften.

So wie Luther auch im Großen Galaterkommentar immer wieder auf die Gnade, auf Gesetz und Evangelium zurückkommt, so soll auch am Ende dieses Andachtsbuchs der Zuspruch des Evangeliums stehen. Gesetz und Evangelium sind eine Dialektik, sind die zwei Pole, zwischen denen das Leben der Gläubigen hin- und hergeht. Der zentrale Punkt für die Gewissen ist dabei, dass das Evangelium immer das letzte Wort behält. Es gibt keinen Anspruch, der nicht doch von Gottes Zuspruch umschlossen wäre. Die Gnade in Christus, dem Gekreuzigten, ist unüberholbar Gottes letztes Wort an uns. Wenn wir vor Gott ein gutes Gewissen haben und fröhlich in unserem Glauben sind, können wir diese drei Andachten fürs Erste überspringen – aber zu ihnen zurückkehren in einer anderen Stunde, in der wir Trost, Ermutigung und Zuspruch nötig haben.

Wenn ich auf mich selbst und mein Leben blicke, sehe ich, wie weit entfernt ich noch von dem christlichen Ideal der Bergpredigt mit ihrer Feindesliebe und ihrer Reinheit selbst der Gedanken bin. Auch manche Ermahnungen der neutestamentlichen Briefe beschreiben eine Reife des Glaubens, die mich in des Paulus Worte einstimmen lässt: „Nicht, dass ichs schon ergriffen hätte." Paulus … Petrus und Paulus und viele, viele andere Christen scheinen in einer ganz anderen Liga zu spielen als ich und vielleicht auch mancher Leser dieser Zeilen. Was ich an und in mir sehe und fühle, ist nicht meine Gerechtigkeit, sondern meine Sünde. Aber indem ich dies tue, blicke ich wieder mal auf mich und das ist die falsche Richtung. Es ist vergeblich, meine Gerechtigkeit in mir selbst zu suchen, und hier will sie sich auch gar nicht finden lassen. Unsere Gerechtigkeit ist außerhalb unserer selbst, *(extra nos)*. Ich finde sie in Gottes Gnade und Zurechnung und letztlich in Christus.

» Ich muss gerade nicht auf mich und meine Leistung und selbstgeschaffene Gerechtigkeit blicken. Auch nicht auf

Gottes Werk in mir, nicht auf meine Fortschritte im Glauben oder Siege gegen die Sünde.

» Ich darf nach außen blicken, auf Christus, meinen Stellvertreter. In ihm und nur in ihm finde ich meine Gerechtigkeit.

Tag 38

Erste Hilfe bei Anfechtung (2)

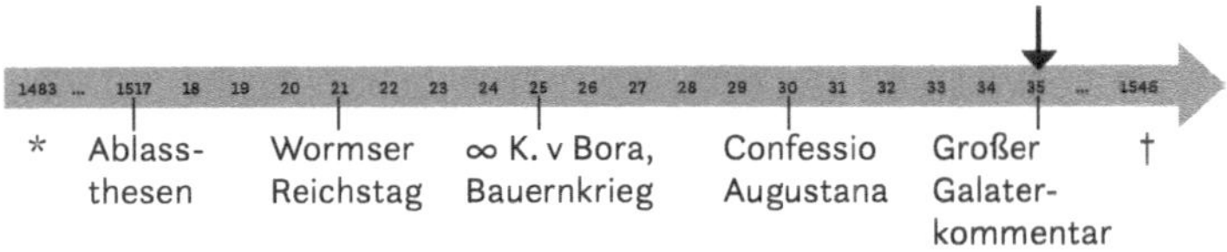

Es ist also unmöglich, daß Christus und das Gesetz gleichzeitig im Herzen wohnen. Entweder muß das Gesetz oder Christus weichen. Wenn du wirklich der Überzeugung bist, daß Christus und das Gesetz im Herzen wohnen können, dann sollst du gewiß dafür halten, daß nicht Christus, sondern der Teufel im Herzen wohne, unter der Larve eines Christus, der anklagt und dich erschreckt, der das Gesetz und deine Werke zu deiner Gerechtigkeit fordert. Der wahre Christus aber – das habe ich kurz vorher ausgeführt – stellt keine Forderungen auf, wenn es um deine Sünde geht, er befiehlt nicht, daß du auf deine Guttaten vertraust. Die wahre Erkenntnis Christi oder der Glaube disputiert nicht, ob du gute Werke zur Gerechtigkeit getan hast oder schlechte zur Verdammnis, da gilt's einfach: Ob du gute Werke getan hast, wirst du darum nicht gerechtfertigt, ob du böse getan hast, so bist du darum nicht verdammt. Ich nehme damit nicht den guten Werken ihren Ruhm und lobe nicht die bösen Taten, aber in der Frage der Rechtfertigung, sage ich, gilt es darauf zu sehen, wie ich Christus behalte, daß er mir nicht wertlos werde, wenn ich durchs Gesetz gerechtfertigt werden will. Denn Christus allein rechtfertigt mich gegen alle meine bösen Werke und ohne alle meine guten Taten. Wenn ich so von Christus denke, ergreife ich wirklich Christus, wenn ich aber urteile, daß er von mir das Gesetz und die Werke zur Gerechtigkeit fordere, ist er mir schon unnütz geworden, ich bin aus der Gemeinschaft mit ihm ausgeschieden.

(Aus dem *Großen Galaterkommentar*, 1535)

„Wahrlich, wahrlich, ich sage euch: Wer glaubt, der hat das ewige Leben.“ (Johannes 6,47)

„Dem aber, der nicht mit Werken umgeht, aber an den glaubt, der den Gottlosen gerecht macht, dem wird sein Glaube gerechnet zur Gerechtigkeit.“ (Römer 4,5)

„So gibt es nun keine Verdammnis für die, die in Christus Jesus sind.“ (Römer 5,1)

Die Abmessungen und die spärliche Einrichtung der Zelle hatten sich so in sein Gedächtnis eingegraben, dass er sie noch im Traum vor sich sah. Da war das kleine Fenster mit den Gitterstäben und dem abgeschrägten Fensterbrett, das sich für ihn auf Augenhöhe befand, selbst wenn er stand. So konnte er bestenfalls ein Stück Himmel sehen. Aber immerhin, ein Stück Himmel. Da war das Regal mit seinen Büchern, ein einfacher Tisch, ein alter Fernseher, die geschlossene Metalltür mit dem Sehschlitz gegenüber seiner Pritsche, in der Ecke eine WC-Schüssel. Das Bild hätte sich jedem so eingeprägt, der es, wie er, für dreißig Jahre vor Augen gehabt hätte, und er bemerkte kaum die Veränderung, als sie ihn ins Gefängniskrankenhaus trugen, ihm eine Sauerstoffmaske aufs Gesicht drückten und Infusionsschläuche mit seinen Armen verbanden. Seine Tat hatte damals Schlagzeilen gemacht. Ein mehrfacher Mord aus niederen Beweggründen, ebenso grausam wie sinnlos. Dann das Urteil. Die endlose Strafe. Aber da war auch der junge Gefängnisgeistliche, der in mehrjährigen Gesprächen durch seinen Panzer gedrungen war. Am Abend seines Todes lag auf dem Tischchen neben dem sterbenden Mörder eine zerlesene Bibel.

Am selben Abend hatte sich am Sterbebett des greisen Professors die Schar seiner Kinder und Enkel versammelt. Auch neben dem weißhaarigen Alten, der in dem schönen, geschmackvollen Zimmer lächelnd mit seinem jüngsten Enkelkind sprach und später sanft einschlafen würde, lag eine solche Bibel. Die

Wände waren mit gerahmten Urkunden bedeckt und mit vielen Fotos lächelnder Menschen. In der Ecke befand sich eine prächtige alte Standuhr, deren leises Ticken den Raum erfüllte. Eine friedliche Szene. Dieser Tod würde Schlagzeilen machen. Welch ein Leben. Jahrzehnte im Dienst an den Menschen. Ein Arzt aus Berufung, der jeden Kranken behandelt hatte, manche auf eigene Kosten. Ein Philanthrop. Ein Forscher, der die Medizin weitergebracht hatte, mehrmals im Gespräch für den Nobelpreis. Ein liebevoller Familienvater, wenn auch niemand wusste, wie er noch die Zeit dazu gefunden hatte. Welch ein Leben ging hier zu Ende.

An diesem Abend, und doch jenseits der Zeit, standen zwei Engel an den Flügeln des weit geöffneten Himmelstores. „Wen begrüßen wir heute?", fragte der eine. Der andere sprach: „Zwei liebe Kinder, für die unser Herr sein Blut vergossen hat." Beide Engel strahlten. „Wunderbar!"

„Christus allein rechtfertigt mich gegen alle meine bösen Werke und ohne alle meine guten Taten." Das ist es. Unser Tun, egal ob vor oder nach unserer Rechtfertigung, ist kein Faktor, der unser ewiges Heil mitbestimmt. Im Gericht zählt allein, was Christus für uns getan hat:

> „Christi Blut und Gerechtigkeit,
> das ist mein Schmuck, mein Ehrenkleid,
> damit werd' ich vor Gott bestehn,
> wenn ich zum Himmel werd' eingehn."

Das Problem mit der Anfechtung ist, dass sie uns im Blick auf uns selbst festhalten möchte. Es genügt nicht, das Evangelium von der freien Gnade einmal zu hören. Es muss uns immer wieder zugesprochen werden, damit allein Christus in unserem Herzen wohne und nicht das Gesetz. Nur – unser Verstand und unser Gefühl wollen dem Gesetz zustimmen. Unser Gerechtigkeitsempfinden steht der Rechtfertigung aus Gnaden entgegen. Denken wir an Jesu Gleichnis von den Arbeitern im Weinberg. Ist es denn gerecht, dass diejenigen, die viel länger gearbeitet haben, denselben Lohn bekommen wie jene, die kurz vor Feierabend aufkreuzen? Hätten wir anstelle der zuerst Angeworbenen nicht auch geschimpft?

» Unser erster Gedanke ist normalerweise, dass wir gerecht behandelt werden wollen.

» Wir müssen verstehen, dass es Gottes Gnade ist, die uns rettet. Ein gerechter Gott wäre – unser Verderben.

Tag 39

Erste Hilfe bei Anfechtung (3)

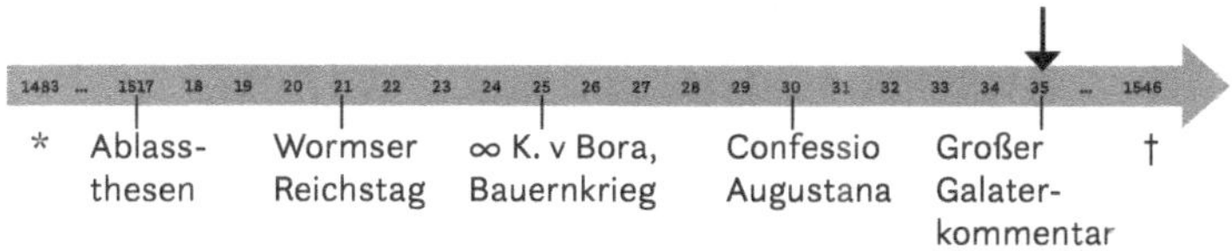

Das ist ein ganz wichtiger und überaus süßer Trost, durch den die zerschlagenen und verwirrten Geister, die die Sünde fühlen, die da erschrecken vor allerlei „feurigen Pfeilen des Satans" (Eph. 6,16), wunderbar aufgerichtet werden können. Denn im Kampfe des Gewissens – wir reden aus reicher Erfahrung – herrscht kräftig das Gefühl der Sünde, des Gotteszorns, des Todes, der Hölle und aller Schrecken. Da muß man dann dem Angefochtenen sagen: Bruder, du willst eine fühlbare Gerechtigkeit haben, ja du willst die Gerechtigkeit so fühlen, wie du die Sünde fühlst; das wird nicht geschehen. Aber deine Gerechtigkeit muß über das Gefühl der Sünde hinausreichen und du mußt hoffen, daß du vor Gott gerecht seiest. D.h. deine Gerechtigkeit ist nicht ein sichtbar Ding, keine fühlbare Sache, sondern steht in der Hoffnung, daß sie zu ihrer Zeit offenbar werde. Du darfst nicht nach dem Sündengefühl urteilen, das dich erschreckt und verwirrt. Du mußt nach der Verheißung und nach der Lehre des Glaubens, durch die dir Christus verheißen wird, urteilen; der ist deine vollkommene und ewige Gerechtigkeit.

Denn meine Gerechtigkeit ist noch nicht vollkommen, auch nicht zu fühlen, aber darum verzweifle ich nicht, sondern der Glaube zeigt mir Christus, dem ich vertraue.

(Aus dem *Großen Galaterkommentar*, 1535)

„Meine Schafe hören meine Stimme, und ich kenne sie und sie folgen mir; und ich gebe ihnen das ewige Leben, und sie werden

nimmermehr umkommen, und niemand wird sie aus meiner Hand reißen." (Johannes 10,27-28)

„Denn ich bin gewiss, dass weder Tod noch Leben, weder Engel noch Mächte noch Gewalten, weder Gegenwärtiges noch Zukünftiges, weder Hohes noch Tiefes noch irgendeine andere Kreatur uns scheiden kann von der Liebe Gottes, die in Christus Jesus ist, unserm Herrn." (Römer 8,38-39)

Schau in der Anfechtung nicht auf Dich selbst! Weil Gottes Versprechen fest sind, aber Dein Gefühl und Gewissen hin und her geworfen werden können, wie ein Blatt im Wind. Weil Dein Trost nicht davon abhängt, ob Du Dich getröstet fühlst, und Deine Gerechtigkeit sicherlich nicht davon, dass Du Dich selbst für gerecht hältst. Weil Deine Gerechtigkeit keine sichtbare und fühlbare Sache ist. Weil der Blick auf Dich selbst Dich immer mit Deiner schwachen Innenseite konfrontiert, die Du dann mit dem äußerlich so stark erscheinenden Glauben der Menschen um Dich her vergleichst. Weil der Teufel ein kunstreicher Verkläger ist, der nicht müde wird, Deine Schuld aufzublasen und Dich an Gottes Vergebung und Liebe zweifeln zu lassen. Weil Dir nicht verheißen ist, hier die Gerechtigkeit zu sehen, die Gott von Dir fordert. Weil es keinem Menschen außer Christus tatsächlich jemals gelungen ist, zu tun, was das Gesetz fordert. Weil es Dir niemals gelingen wird, Dich an den eigenen Haaren aus dem (Sünden-)Sumpf zu ziehen, obwohl es irgendwie immer wieder das Erste ist, was Du versuchst. Weil Dir verheißen ist, dass Deine Gerechtigkeit etwas ist, was Du nur außerhalb Deiner selbst finden kannst. Weil Du im Spiegel der Selbstanklage nur Dein armseliges und sündiges Spiegelbild in den Blick bekommst und die andere Gestalt übersiehst, die hinter Dir steht und Dir ihre durchgrabene Hand auf die Schulter legt.

Schau in der Anfechtung von Dir weg auf Christus! Weil Du in dem gekreuzigten Christus der Liebe Gottes zu Dir ins

Herz schaust. Weil er Dein Stellvertreter ist, der an diesem Kreuz all Deine Schuld und Sünde getragen hat und in seinem irdischen Leben das ganze Gesetz Gottes für Dich erfüllt hat. Weil er in Person Deine Gerechtigkeit und Heiligung ist, der nichts von Dir fordert als Deinen Glauben an ihn – nichts von Dir fordert, als dass Du Dich von ihm beschenken lässt. Weil er Deine Sünde und Untugend nimmt und Dir seine Güter und Seligkeit im fröhlichen Wechsel schenkt, mit dem Glauben als Brautring. Weil Du so mit Christus „zusammengebacken" bist, dass weder Sünde, Tod noch Teufel Dich noch von ihm trennen könnten – und Du selbst auch nicht. Weil Gottes Liebe unendlich viel größer ist als Dein Gewissen, Deine Verzagtheiten, Deine Ängste. Weil Gott selbst die Liebe ist, die alles trägt, und er sich nicht von seinen Kindern abwendet, auch wenn sie sich von ihm entfernen. Weil Du gar nicht genug Fantasie hast, auch nur den tausendsten Teil der Liebe eines Gottes für Dich zu ermessen, der seinen eigenen Sohn für Dich dahingegeben hat. Weil Gottes Gnade auch für Dich noch kein Ende hat, sondern alle Morgen neu ist – und ausreicht für alle Deine vergangenen, gegenwärtigen und zukünftigen Sünden. Weil unter dem gefühlten Zorn Gottes immer seine Liebe zu finden ist, auch für Dich, gerade für Dich, immer noch, immer wieder.

Crux stat, dum volvitur terrae. – Das Kreuz steht, und wenn die Welt untergeht.

» Christus ist nach Luther ein seltener Gast im Gewissen. Wir werden unseren Glauben immer nur als eine punktuelle Realität in den Blick bekommen. Aber für Gott ist er eine durchgehende Linie. Glaube ist nicht nur ein Festhalten, sondern auch ein Gehaltensein. Gott hält uns, wenn wir wachen oder schlafen, er hält uns in Momenten der Schwachheit und er hält uns auch, wenn unsere körperlichen und geistigen Kräfte schwinden.

» D. Herrmann Friedrich Kohlbrügge, Pastor der niederländisch-reformierten Gemeinde in Elberfeld, schrieb einmal sinngemäß: An welches Wörtchen habt ihr euch dann zu halten, wenn ihr kein Zeichen wahrer Gnade in euch findet und darüber tief niedergeschlagen seid? – An das Wörtchen „dennoch“.

Tag 40
Wir sind Bettler

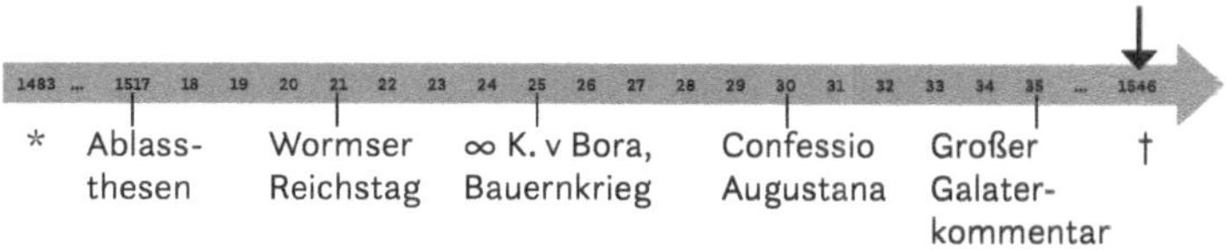

Virgil in den Bucolica und Georgica kann niemand verstehen, er sei denn fünf Jahre Hirte oder Bauer gewesen.

Cicero in seinen Briefen (so meine ich) wird niemand verstehen, er habe sich denn vierzig Jahre in einem bedeutenden Staatswesen bewegt.

Die heiligen Schriften meine niemand genugsam geschmeckt zu haben, er habe denn hundert Jahre mit den Propheten die Kirchen gelenkt.

Darum ist es ein großes, wunderbares Ding
Erstlich um Johannes den Täufer,
zweitens um Christus,
drittens um die Apostel.

Versuche nicht die göttliche Äneis, sondern neige dich tief anbetend vor ihren Spuren.

Wir sind Bettler. Das ist wahr.

(Luthers letzte Aufzeichnung, 16. Februar 1546)

„Selig sind, die da geistlich arm sind; denn ihrer ist das Himmelreich." (Matthäus 5,3)

Die „göttliche Äneis" blickt metaphorisch zurück auf das berühmteste Werk des römischen Dichters Virgil, die *Äneis*. Nach dem Vorbild von Homers Ilias und Odyssee schrieb er zur Zeit des Kaisers Augustus das Nationalepos der Römer. Äneas, ein trojanischer Held, flieht nach dem Fall der Stadt mit einer Anzahl Getreuer übers Meer und landet nach manchen Irrfahrten in Latium, wo er eine Stadt gründen und der Stammvater des römischen Volkes werden soll. Die *göttliche* Äneis ist freilich ganz anders; Gottes Geschichte des Heils ist eine Geschichte seiner Liebe, und er schafft dieses Heil oft unter dem Anschein des Gegenteils. Die geistlich Armen sind jene, die Gott mit Bettlerhänden begegnen, bereit, seine Gnade zu empfangen. Wenn Luther sich und uns am Ende seines Lebens als Bettler erkennt, dann ist das ein großer Trost. Es sind die geistlich Armen, denen das Himmelreich gehört. Das gläserne Meer im abschließenden Gedicht ist ein Begriff aus der Offenbarung des Johannes (15,2). Es handelt sich dabei um ein Wassergefäß im himmlischen Thronsaal. Am gläsernen Meer werden wir stehen, wenn unser Glaube ins Schauen verwandelt wird.

Euch erwartet kein Weg ohne Dornen und Steine
Ohne Sorgen so tief wie die Nacht und das Meer
Doch in allem vergesst, überseht nie das eine
Christus ging euch voraus, ihr geht nur hinterher

Fühlt ihr euch auch nur schwach,
mag der Feind euch auch hassen
Wenn dein Werk dir dann über die Kräfte geht
Gott hat euch zugesagt, euch niemals zu verlassen
Er, der König, der unsichtbar neben dir steht

Manches Schöne wird kommen, nicht nur Kämpfe und Krieg
Doch da sind auch die Stunden, die kalt sind und hart
Unter mancherlei Tränen liegt ein heimlicher Sieg
Offenbar erst am Ende der Ritterfahrt

Und zuletzt steht ihr dann an dem finsteren Tor
Seht die mächtigen Riegel, geborsten, zerbrochen
Seht mit eigenen Augen, wovon ihr gesprochen
Und bestimmt steht ihr staunend, betrachtend davor

Jenseits des Tores und jenseits der Schatten
Werdet ihr einmal stehn in der anderen Welt
Wird sie sein wie die Träume, die wir jemals hatten
Oder all unsre Hoffnung, zusammengezählt?

Oder sind unsre Träume nur gläserne Scherben
Verglichen mit dem, was Gott selbst sich gedacht
Und aus Liebe zu uns zur Vollendung gebracht?
Eine Welt, die nicht fremd ist, doch auch nicht wie vorher
Und ihr werdet sie sehen, am gläsernen Meer

» Wir Menschen begegnen dem Tod mit Angst. Der Tod erscheint uns wie ein dunkles Tor, das wir wohl niemals durchschreiten würden, wenn wir nicht müssten. Aber es ist ein dunkles Tor zu einer Welt von Licht.

» Die Ritterfahrt unseres Lebens ist uns aufgegeben, die wir uns meist gar nicht heldenhaft fühlen. Aber wir müssen keine furchtlosen Streiter sein, wie der sagenumwobene Äneas. Gott ist unser Held, Christus ist unser Held. Er ist unser Hirte und wir ängstlichen, störrischen, oft so dummen, aber geliebten Schafe stolpern nur hinter ihm her.

» Und Christus ist uns vorausgegangen ins Tal des Todesschattens. Er hat unseren Tod erlitten und für uns überwunden. Sterben müssen wir immer noch. Aber wir fallen aus Gottes Hand in Gottes Hand.

» Wir sind Bettler. Und das ist gut so. Herr, lass uns deiner Gnade immer mit Bettlerhänden begegnen. Danke, dass die wichtigsten Dinge im Leben immer ein Geschenk sind.

Anhang

Luthers Leben – ein kurzer Überblick

Martin Luther wurde **1483** als Sohn von Hans und Margarete Luther in Eisleben in der Grafschaft Mansfeld geboren. Sein Vater stammte aus dem Bauernstand, hatte aber sein Glück im Mansfelder Kupferbergbau gemacht. Wir würden ihn heute als einen frühen Unternehmer bezeichnen und die Familie Luther war recht wohlhabend. Eine Schulpflicht gab es damals noch nicht, aber wer es sich leisten konnte, schickte seine Söhne auf die Lateinschule (Latein war die internationale Gelehrtensprache) und hinterher auf die Universität. Martin besuchte die Lateinschule in Mansfeld, Magdeburg und Eisenach, bevor er dann mit achtzehn Jahren auf die Universität nach Erfurt wechselte. Hier studierte er zunächst Philosophie bis zum Magister. Das war damals vorgeschrieben, bevor man auf eine der höheren Fakultäten, Theologie, Jura oder Medizin, wechseln durfte. **1505** hatte Martin, dem Willen seines Vaters entsprechend, ein Studium der Rechte aufgenommen, als er bei Stotternheim in ein Gewitter geriet und in großer Todesnot gelobte, Mönch zu werden. Wenig später trat er in das Erfurter Augustinereremitenkloster ein. Sein Vater war nicht begeistert. Er durchlief das Noviziat und wurde **1507** zum Priester geweiht – und er studierte im Kloster Theologie. Immer wieder wurde er hier von Anfechtungen geplagt. Konnte er überhaupt so leben, dass Gott ihm gnädig war? **1510/11** reiste er in Ordensangelegenheiten nach Rom. Die dortige Frömmigkeit hat ihn, zumindest im Rückblick, eher enttäuscht. **1512** sandte sein Ordensoberer Johann von Staupitz ihn als Doktor der Theologie und Bibelprofessor an die Universität Wittenberg und hier wirkte er für den Rest seines Lebens. Irgendwann zwischen **1513** und **1518** hatte er dann sein Turmerlebnis, die reformatorische

Entdeckung der Rechtfertigung allein aus Glauben. Martin hatte seinen gnädigen Gott gefunden. Mit seinem Thesenanschlag an der Wittenberger Schlosskirche 1517 begann dann sein Streit mit der Kirche und dem Papst um den Ablasshandel. Die Ereignisse überschlugen sich und in der Folgezeit wurde der Graben zwischen Doktor Martinus und der kirchlichen Hierarchie und der von ihr vertretenen Kirchenlehre immer tiefer. Bei der Heidelberger Disputation von 1518 konnte er eine Reihe von jüngeren Theologen von seiner theologischen Position überzeugen, aber schon 1519 fand er sich bei einem Verhör vor dem Kardinal Cajetan wieder. Im selben Jahr stritt er bei der Leipziger Disputation mit dem Ingolstädter Theologen Johann Eck über seine neue Lehre. Der Papst drohte ihm mit dem Kirchenausschluss, aber Luther warf die Bannandrohungsbulle öffentlich ins Feuer. Daraufhin erließ der Papst seine endgültige Bannbulle, die Urkunde, die Doktor Martinus aus der katholischen Kirche ausstieß. 1521 reiste Luther in der Hoffnung, seine reformatorische Theologie vor dem Kaiser, Karl V., persönlich darstellen zu können, zum Reichstag nach Worms. Hier wurde aber nur sein Widerruf gefordert und Luther lehnte ab. Daraufhin kam er in die Reichsacht, wurde also vom Kaiser für vogelfrei erklärt. Luthers Landesherr, der sächsische Kurfürst Friedrich der Weise, hielt aber seine Hand über ihn und ließ ihn zu seinem Schutz auf die Wartburg entführen. Hier übersetzte er bis 1522 das Neue Testament ins Deutsche und kehrte dann nach Wittenberg zurück. In diesen Jahren verfasste er einige seiner bekanntesten Schriften, etwa „Von der Freiheit eines Christenmenschen“. 1525 stritt er mit dem Humanistenfürsten Erasmus von Rotterdam über die Frage der Willensfreiheit und stellte sich im Bauernkrieg auf die Seite der Fürsten. Außerdem heiratete Martin, der nach längerem Zögern seine Mönchskutte abgelegt hatte, die ehemalige Nonne Katharina von Bora. Seit der Protestation von Speyer von 1529, einem Protest der Evangelischen gegen die Politik des Kaisers, nannte man sie auch Protestanten. Im selben Jahr stritt sich Luther in Marburg mit dem Schweizer Reformator Huldrych Zwingli über das Abendmahl. Auf dem Reichstag in Augsburg **1530** vertrat Luthers Mitarbeiter Philipp Melanchthon das evangelische Augsburger Bekenntnis vor Karl V., während Luther, immer noch vogelfrei, den Reichstag nur von der sicheren Coburg aus mitverfolgen konnte. Im Laufe der Zeit hatten sich immer mehr Fürsten und Städte Luthers reformatorischer Theologie angeschlossen und die Evangelischen hatten ein politisches Bündnis gegen den Kaiser geschlossen, den Schmalkaldischen Bund. **1534** erschien die Gesamtausgabe der Lutherbibel, nachdem Doktor Martinus, unterstützt von anderen Professoren der Wittenberger Universität, lange an der Übersetzung des Alten Testaments gearbeitet hatte. **1546** starb Luther während einer Reise zu den Mansfelder Grafen in seinem Geburtsort Eisleben.

1547 brach dann der Krieg zwischen dem Kaiser und dem Schmalkaldischen Bund aus. Luthers Frau Käthe musste mit ihren Kindern aus Wittenberg fliehen. Wegen des Verrats eines evangelischen Fürsten, Moritz von Sachsen, war der Kaiser zunächst siegreich, aber einige Jahre später wechselte Moritz noch einmal die Seiten und die Schmalkaldener gewannen den Krieg. Karl V. konnte die Reformation nicht rückgängig machen und dankte ab. Europa war nun konfessionell geteilt. Die deutschen Fürsten waren zu einem Teil lutherisch, ebenso die skandinavischen Staaten. Andere Fürsten, gerade in Süddeutschland, blieben katholisch, ebenso wie Italien, Frankreich, Portugal und Spanien. England war anglikanisch, seit sich König Heinrich VIII. von Rom getrennt hatte. Die Kurpfalz, die Schweiz, Schottland und die Niederlande waren reformiert, hatten sich also nicht Luther, sondern den Reformatoren Huldrych Zwingli und Johannes Calvin angeschlossen. Es war diese Spielart des Protestantismus, die dann die Christen in Amerika stärker prägen würde. Die religiösen Gegensätze in Europa lösten schließlich den 30-jährigen Krieg von **1618–48** aus, der in seinem späteren Verlauf allerdings nicht mehr als Glaubenskrieg, sondern aus politischen Motiven geführt wurde.

Dietrich Bonhoeffer: einer der führenden Köpfe des Widerstands im Dritten Reich. Leiter eines verbotenen Predigerseminars der Bekennenden Kirche. Poet. Märtyrer. Kommen Sie mit auf eine 40-tägige Reise, bei der Sie in einer täglichen Andachtszeit Gott und auch dem Menschen Dietrich Bonhoeffer begegnen.

176 Seiten als Hardcover
ISBN Buch 978-3-7655-0992-6
ISBN E-Book 978-3-7655-7482-5

Brunnen Verlag GmbH
www.brunnen-verlag.de

C. S. Lewis' scharfe Analysen und brillante Argumentationen haben bis heute nichts von ihrer Kraft eingebüßt. „Narnia", „Pardon, ich bin Christ", „Dienstanweisung an einen Unterteufel" – Sandro Göpfert nimmt uns 40 Tage lang mit in die reiche Gedankenwelt von C. S. Lewis.

176 Seiten als Hardcover
ISBN Buch 978-3-7655-3735-6
ISBN E-Book 978-3-7655-7634-8

Brunnen Verlag GmbH
www.brunnen-verlag.de